Jörg Seiler

Gut gebohrt ist halb geschraubt

Jörg Seiler

Gut gebohrt ist halb geschraubt

999 praktische und ungewöhnliche Do-it-yourself-Tips

Zeichnungen von Josef Blaumeiser

Delphin Verlag

Umschlag: Josef Blaumeiser
Satz: FotoSatz Pfeifer, Germering
Printed in Germany
ISBN 3.7735.5151.7

Liebe Leserin, lieber Leser,

noch ist kein Meister vom Himmel gefallen, geben Sie also nicht sofort auf, wenn Ihnen eine Arbeit nicht gleich gelingt. Denken Sie stets daran, daß – auch hier – Übung den Heimwerker macht. Die 999 praktischen und ungewöhnlichen Tips, die von »Profi-Handwerkern« in unzähligen Fällen ausprobiert und für gut befunden wurden, können Ihnen in fast allen Fällen und Situationen sagen, was zu tun ist. Der Kauf dieses Buches war sozusagen nur der erste Schritt vom leidvoll auf einen Handwerker wartenden Menschen zu einem aktiven Heimwerker, der sein Glück in Haus, Hof und Garten in die eigenen Hände nehmen möchte. Weitere erfolgreiche Schritte werden folgen, wenn Sie die ersten kleineren Arbeiten selbst ausführen, die Sie hier beschrieben finden. Ein ausführliches Stichwort-Register sagt Ihnen, wo es um welche Arbeiten geht.
Viel Erfolg beim Heimwerken! Daß Sie sich damit teilweise viel Geld ersparen, sei nur am Rande vermerkt. Und wie Sie es am besten ausgeben, brauche ich Ihnen sicher nicht eigens zu sagen.

Ihr Jörg Seiler

Inhalt

Übung macht den Meister

Die besten praktischen Tips für den Heimwerker

Selbst ist der Mann

- »Selbst ist der Mann« hieß der frühere Werbe-Slogan der Heimwerker-Industrie. Heute sagt man statt dessen: »Die eigene Axt im Hause erspart den Handwerker« und meint damit, daß auch durchaus Frauen überaus geschickte Heimwerkerinnen werden oder sein können. Schließlich wurde ja auch der Begriff »Heimarbeiterin« für und von Frauen geprägt.

Allgemeine Tips

- Bevor Sie etwas reparieren oder renovieren, legen Sie sich alle Werkzeuge zurecht, die Sie benötigen. Lieber zu viele, als zu wenige.
- Kontrollieren Sie, ob Sie auch genügend Reparatur- bzw. Renovierungsmaterial parat haben.
- Wenn Sie einen schwierigeren Gegenstand auseinandernehmen wollen, legen Sie alle Einzelteile von links nach rechts geordnet auf einen Papier- oder Stoffstreifen. Bei Schrauben empfiehlt sich die Verwendung eines Klebestreifens. Fertigen Sie sich notfalls eine Zeichnung an, wie die Einzelteile zusammengesetzt waren.
- Sorgen Sie für entsprechende Schutzvorrichtungen: Bei Arbeiten am Mauerwerk oder Schaltern die Sicherungen herausdrehen; bei Arbeiten, bei denen Splitter oder Spritzer fliegen können, sollten Sie eine Schutzbrille tragen; bei Arbeiten mit Farben, Lacken, Kunstharzen oder Schmiermitteln tragen Sie am besten Schutzhandschuhe aus Plastik oder Stoff. Wenn Ihnen das zu lästig ist, können Sie Ihre Hände auch mit einer Creme schützen, z. B. »Gentilo«. Diese Creme bildet auf der Haut einen Schutzfilm, der sich nach getaner Arbeit zusammen mit dem Schmutz leicht wieder abwaschen läßt.

Wenn Sie mit Holz arbeiten wollen

Tips für die Verarbeitung von Holz

- Achten Sie darauf, daß jedes Holz »arbeitet«. Während es sich bei Feuchtigkeit ausdehnt, schwindet es beim Trocknen.
- Die größte Schwindung, und zwar bis zu 10 Prozent, tritt quer zur Faserung auf, während man sie in der Längsrichtung fast vernachlässigen kann.

- Ein krummes Brett bekommen Sie wieder gerade, wenn Sie es an beiden Enden auf Ziegelsteine legen und in der Mitte mit einem Gewicht belasten. Einige Tage liegen lassen.
- Wenn sich die Tür eines Wandschranks verzogen hat, diese mit Hilfe eines Holzkeils und einer Schraubzwinge zwei bis drei Tage lang gegen die Richtung der Verziehung festspannen. Bei verglasten Türen nicht vergessen, vorher das Glas herauszunehmen.
- Gewölbte Holzplatten mit der Wölbung nach außen schräg gegen eine Wand lehnen. Wenn die Wölbung ausgeglichen ist, die Platten flach liegend oder senkrecht einlagern.
- Massivholz und Tischler-, Span- oder Hartfaserplatten sollten Sie nicht einfach miteinander verbinden, weil beide Holzarten verschieden stark »arbeiten«. Massivholz ändert sich in der Länge kaum.
- Wenn Sie Bretter zu einer Platte verleimen wollen, bringen Sie abwechselnd ihre rechte und linke Seite nach oben. Sie gleichen so das Arbeiten des Holzes aus.

Bohren

- Das Splittern des Holzes beim Austreten des Bohrers können Sie vermeiden, indem Sie nur so weit bohren, bis der Bohrer kurz vor dem Austritt steht. Dann das Werkstück umdrehen und von der anderen Seite aus vollends durchstechen. Als Ansatzpunkt für den Bohrer kann hier das Loch dienen, das die durchtretende Bohrerspitze hinterlassen hat.
- Wenn Sie das Werkstück nicht umdrehen können oder nicht von beiden Seiten bohren wollen, müssen Sie die letzten Umdrehungen besonders vorsichtig ausführen oder ein anderes Holzstück hinter das Loch halten und dort hineinbohren.
- Das Bohren auf eine bestimmte Tiefe ist am einfachsten, wenn Sie einen Tiefensteller benutzen. Sie können sich diese Bohrhilfe fertig kaufen oder aus einem Stückchen Holz oder Gummischlauch selbst basteln. Über den Bohrer ziehen und solange bohren, bis der Tiefensteller aufliegt.
- Mit einem Tiefensteller kann man übrigens auch das Zerkratzen der Oberfläche beim Eindrehen einer Schraube vermeiden, die versenkt werden soll.

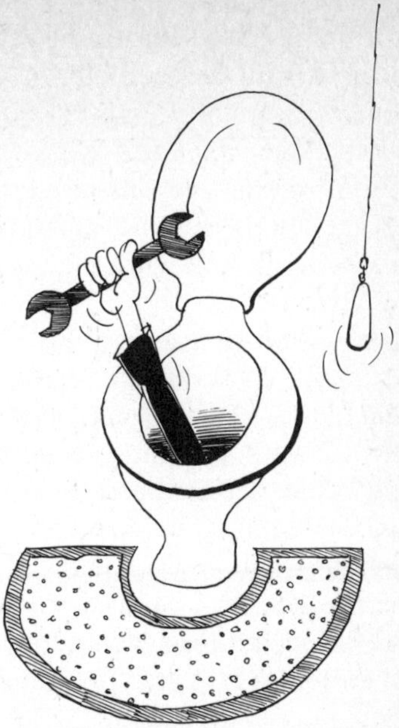

- Damit eine Schraube das Holz nicht sprengen kann, wird in der Regel vorgebohrt. Dafür gilt folgende Regel: Länge und Durchmesser des Bohrloches müssen so beschaffen sein, daß sich das Gewinde noch ins Holz schneiden kann, da die Schraube sonst keinen guten Halt hat. Bei großen Schrauben bohrt man zunächst in Schaftstärke und -länge für den Schaft und dann in $^{2}/_{3}$ der Gewindestärke und -länge (Kernbohrung) für das Schraubengewinde vor.
- Bei schwächeren Schrauben, die in Weichholz eingeschraubt werden sollen, muß für den Schaft nicht vorgebohrt werden. Bei kleinen genügt es, mit der Ahle (Spitzbohrer) vorzustechen.
- In Hartholz sollte die Kernbohrung tiefer als in Weichholz sein.
- Achtung: In Hirnholz haften die Gewinde schlecht. Wenig vorbohren und möglichst lange Schrauben verwenden.
- Bei Senkholzschrauben das Bohrloch mit einem Krauskopf so weit ausreiben, daß die Oberfläche des Schraubenkopfes nach kräftigem Anziehen der Schraube auf gleicher Ebene

mit der Werksoberfläche oder leicht darunter liegt. Wenn Sie besonders fein arbeiten wollen, die Schraubenköpfe unter die Holzoberfläche versenken und mit Holzplättchen (Konusplättchen) abdecken, die es im Handel gibt.

- Sie können sich das Schrauben erleichtern, indem Sie die Schrauben vor dem Eintreiben an einer Paraffinkerze entlangziehen. Kein Öl als Gleitmittel verwenden. Es gibt Flekken.
- Rosetten und Unterlegscheiben verleihen Schrauben einen festeren Sitz. Es gibt sie aus vernickeltem oder vermessingtem Eisen, aus Messing und vernickeltem Messing.
- Wenn sie dicke an dünne Werkstücke anschrauben wollen, tiefe Senklöcher vorbohren, wobei das Senkloch vor den Schraubenlöchern gebohrt werden sollte.
- In schmalen und unzugänglichen Zwischenräumen und Ekken sollten Sie die Schrauben mit Winkel- oder Drillschraubenziehern festziehen.

Für den richtigen Umgang mit Schraubenziehern

- Die Klingenschneide des Schraubenziehers sollte stets genau in den Schlitz der jeweiligen Schraube passen. Eine zu breite Klinge beschädigt leicht die Werksoberfläche bei den letzten Umdrehungen, eine zu schmale, zu dünne oder zu abgerundete den Schlitz der Schraube.
- Der Schraubenzieher sollte stets ganz und senkrecht im Schraubenschlitz stehen.
- Beim Herausdrehen einer beschädigten Schraube immer den längsten Schraubenzieher nehmen, den man hat: Je länger das Werkzeug ist, desto mehr Drehkraft kann auf der Schraube zur Wirkung kommen.
- Eine festsitzende Schraube kann manchmal durch einen Schlag auf den Schraubenziehergriff gelockert werden. Hilft das nichts, die im Schraubenschlitz stehende Klinge in einen verstellbaren Schraubenschlüssel einklemmen und so mit erhöhter Kraft drehen.
- Eine andere Möglichkeit besteht darin, die Schraube mit einem Lötkolben zu erhitzen. Das Metall dehnt sich zunächst aus, ehe es sich beim Abkühlen wieder zusammenzieht und so

mehr Spielraum zwischen Schraube und Schraubfläche frei wird.

- Wenn alles nichts nützt, muß die Schraube durchbohrt werden.

So können Sie abgebrochene oder festsitzende Schrauben entfernen

- Sogenannte Schraubenausdreher gibt es einzeln oder in ganzen Sätzen zusammen mit Spiralbohrern der entsprechenden Größe.
- Sie bohren den Schraubenschaft auf und drehen den Ausdreher in das Bohrloch. Da er ein Linksgewinde besitzt, läßt sich mit ihm die Schraube leicht herausdrehen. Sie können damit freilich auch Bolzen entfernen.

So nageln Sie richtig

- Wenn Sie zwei Holzstücke zusammennageln wollen, so gibt es folgende Richtwerte für Nagellängen bei verschiedenen Holzstärken. (Alle Angaben in mm):

Holzstärke	Nagellänge	Holzstärke	Nagellänge
5 – 10	25	50 – 60	90
15 – 20	35	60 – 70	100
25 – 30	45	70 – 80	120
35 – 40	60	80 – 90	140
40 – 50	80	90 – 100	160

Generell gilt: Die Nägel sollten zwei bis dreimal so lang sein wie das zu befestigende Werkstück. Dünnes Material an dikkes nageln und nicht umgekehrt.

- Feste Verbindungen lassen sich auch durch Durchnageln erreichen. Die Nägel wechselseitig eintreiben, die herausragenden Enden jeweils umschlagen.
- Noch besser ist es, wenn Sie die herausragenden Nagelspitzen über einem Schraubenzieher umbiegen und dann klammerartig eintreiben.
- In Hirnholz sollten Sie schräg nageln: Die Nagelreihen werden schräg zueinander und die einzelnen Nägel auf Lücke gesetzt.

- Wenn Sie eine Reihe nageln müssen, die einzelnen Nägel nicht in dieselbe Faser schlagen, weil sonst das Holz leicht gesprengt wird.
- Hartholz nur, wenn es sich gar nicht vermeiden läßt, nageln. Und zwar wie folgt: Nägel stauchen, $^2/_3$-Schaftlänge vorbohren und die Nägel in die vorgbebohrten Löcher treiben.
- Wenn Sie federnde Holzteile nageln müssen, ein Holzstück dagegenhalten. Dann wirken die Hammerschläge und können keinen Schaden anrichten.
- Wenn Sie Angst um Ihren Daumen haben, benutzen Sie zum Festhalten des Nagels ein kleines Stück Pappe. Sie können den Nagel damit in der richtigen Position halten, ohne Ihren Daumen zu gefährden.

Wenn Sie Nägel versenken wollen

- Wenn Sie keine störenden Nagelköpfe haben wollen, müssen Sie die Nägel unter die Oberfläche treiben, d. h. sie versenken. Die dabei entstehenden Löcher werden zugekittet und ihrer Umgebung entsprechend eingefärbt.
- Wenn Sie beim Versenken von Nägeln eine Beschädigung der Oberfläche vermeiden wollen, sollten Sie einen sogenannten Versenker benutzen. Es gibt ihn rund und quadratisch und in verschiedenen Stärken. Sie sollten auf alle Fälle immer einen Versenker in zwei Stärken zur Hand haben. Am besten ist es, wenn der Versenker einen etwas kleineren Durchmesser hat als der zu versenkende Nagel.

So ziehen Sie Nägel richtig

- Lange und teilweise herausragende Nägel ziehen Sie am einfachsten mit dem Klauenhammer: den Nagelkopf in die Klaue nehmen und den Nagel Zug um Zug herausziehen. Eine Beschädigung der Oberfläche umgehen Sie durch das Unterlegen eines Holz- oder dicken Stoffstückes.
- Kleinere Nägel, die sich nicht mit dem Klauenhammer erfassen lassen, ziehen Sie am besten mit der Beißzange. Mit ihr können Sie aber auch lange Nägel auf die Höhe anheben, in der Sie mit dem Klauenhammer erfaßt werden können.
- Ein zusätzliches Werkzeug für das Ziehen der Nägel ist der so-

genannte Nagelheber mit stabiler Zwinge. Sie treiben ihn mit dem Hammer unter die Nagelköpfe, die so freigelegt werden.

- Wenn Sie viele Nägel zu ziehen haben, etwa beim Herausnehmen eines alten Bretterfußbodens, empfiehlt sich die Anschaffung eines Zimmermann-Kuhfußes. Das ist ein Eisenstab, der an einem Ende eine leicht gebogene Klaue zum Anheben und am anderen eine stark abgewinkelte zum Ausziehen der Nägel hat.
- Wenn sich ein Nagel partout nicht ziehen lassen will, müssen Sie um ihn herum so viel Holz wegstemmen, bis er sich fassen läßt.

Damit beim Hobeln auch wirklich Späne fallen

- Bei alten Brettern und dergleichen nicht vergessen, eventuell noch vorhandene alte Farbe, Nägel etc. zu entfernen. Außerdem darauf achten, daß das Holz nicht naß ist. Es kann sonst leicht einreißen.
- Das Holzstück immer fest einspannen.
- Immer nur in Faserrichtung hobeln, nie dagegen. Das Holz reißt sonst auf. Wenn sich die Faserrichtung ändert, zum Beispiel bei Astlöchern, mit dem Hobel der Holzfaserung folgen.
- Beim Hobeln das Werkzeug mit der rechten Hand so anfassen, daß der Daumen links vom Keil auf dem Kasten liegt, die anderen Finger rechts davon. Mit der linken Hand – sie ergreift die Nase des Hobels – wird das Werkzeug geführt.
- Einen Falz arbeiten Sie wie folgt: Zunächst an einem Ende mit kurzen Hobelstößen beginnen, dann genauso weiterhobeln bis zum anderen Ende. Sie können so verhindern, daß der Hobel schräg liegenden Fasern folgt und seitlich abrutscht.
- Wenn Sie sich nicht sicher sind, wie die Faserrichtung verläuft: Einmal kurz mit dem Hobel über das Werkstück fahren. Hebt das Messer einen sauberen Span ab, stimmt die Richtung; bei gegenläufiger verbeißt es sich.
- Das Glätten einer Bretterkante wird Bestoßen genannt. Beim Arbeiten mit Stirnholz können Sie das Absplittern von Fasern vermeiden, indem Sie von den Enden bis zur Mitte hin hobeln.

- Das Entschärfen einer Kante nennt man Brechen. Sie halten dabei den Hobel in dem gewünschten Winkel und arbeiten wie beim Bestoßen zur Mitte hin.
- Das Splittern des Holzes bei Stirnholzkanten können Sie auch vermeiden, wenn Sie ein anderes Stück Holz dazu einspannen, dessen Fasern waagrecht, d. h. parallel zur Hobelbahn, verlaufen.
- Für feine Arbeiten und bei Hartholz sollte die Klappe weiter vorgezogen sein, bei Weichholz dagegen weiter zurück.

Was Sie über Sägen wissen sollten

- Man unterscheidet drei Gruppen Sägen: Für lange, grobe Schnitte und zum Ablängen oder Querschneiden nimmt man große Handsägen, Fuchsschwänze oder Bügelsägen. Für die Herstellung von Zapfen oder Schlitzen zum Beispiel und für andere feine Arbeiten gibt es sogenannte Rücken- und Feinsägen. Und wenn Sie Bögen oder geschweifte Formen schneiden wollen, nehmen Sie Formsägen, Schweifsägen (Spannsägen mit schmalem Schweifsägeblatt), Laub- und Stichsägen.
- Je mehr Zähne eine Säge auf einer bestimmten Länge des Sägeblattes hat, desto feiner, aber auch langsamer schneidet sie.
- Bei fast allen Sägen sind die Zähne verschränkt angeordnet, d.h., sie sind abwechselnd links und rechts vom Blatt weg nach außen gebogen. Die Sägen verklumpen dadurch weniger und schneiden besser. Außerdem läßt sich der Schnitt besser korrigieren, weil die geschränkten Zähne immer ein wenig breiter sind als das Blatt. Dafür sorgen, daß die Zähne richtig geschränkt und gut geschärft sind.

Die verschiedenen Säge-Typen und wofür sie sich eignen

- *Fuchsschwanz:* Ein Fuchsschwanz mit einer mittelgroben »Schwach-auf-Stoß«-Verzahnung sollte in jeder Heimwerker-Werkzeugsammlung vorhanden sein. Es gibt ihn in diversen Größen mit offenem oder geschlossenem Griff. Mit dem Fuchsschwanz sägen Sie Platten und dünnere Bretter.
- Mit dem Fuchsschwanz tun Sie sich beim Sägen am leichtesten, wenn Sie den Zeigefinger ausgestreckt seitlich an den Griff legen. Den Schnitt immer mit einer Rückwärtsbewe-

gung beginnen, das Blatt dabei am Daumen der freien Hand entlangführen.

- Wenn Sie auf oder an einem Strich entlangsägen wollen, muß der Schnitt immer leicht daneben auf der Abfallseite liegen. Wenn Sie nämlich direkt auf dem Schnitt sägen, kann das Maß leicht unterschritten werden, oder aber Sie haben keinen Spielraum mehr zum Versäubern der Schnittfläche.
- Dünne Platten und stark vibrierende Bretter links und rechts der Schnittspur auf je eine Latte oder sonstige Unterlage legen und befestigen.
- *Zapfensäge:* Sie haben eine feinere Zahneinteilung und ein dünneres Sägeblatt, das am Rücken verstärkt ist. Es gibt sie in verschiedenen Größen mit offenen, geschlossenen, einfachen, gekröpften und umlegbaren Griffen. Zapfensägen eignen sich zum Sägen fast aller Verbindungen mit und gegen die Fasern. Da die Sägeblätter verwindungsfrei sind, läßt sich auch dünnstes Material exakt und sauber sägen.

- Die *Schwalbenschwanzsägen* sind kleine Rückensägen, die Sie zum Schneiden von sehr feinen Verbindungen wie etwa Schwalbenschwänzen oder zum Ablängen von sehr dünnen Leisten brauchen. Die Zähne sind nicht geschränkt und die Blätter noch dünner. Im Vergleich zu den normalen Zapfensägen ist hier die Zahnstellung noch feiner. Schwalbenschwanzsägen brauchen Sie für den Modellbau oder wenn Sie besonders kleine und exakte Verbindungen herstellen wollen, etwa für Schmuckschatullen.
- *Formsägen:* Sie sind zum Aussägen von Kurven jeder Art unentbehrlich. Die Schnittiefe ist allerdings durch einen Bügel begrenzt. Kaufen Sie stets mehrere Sägeblätter, weil diese nach Gebrauch durch neue ersetzt werden müssen.
- Das Sägen von Kurven und Bogen können Sie sich erleichtern, wenn Sie das Sägeblatt anhand der Bolzen in verschiedene Winkel zum Bügel drehen.
- Beim Sägen nicht auf den Bügel, sondern ausschließlich auf den Verlauf des Sägeblatts achten.
- Wenn Sie innerhalb eines Brettes eine bestimmte Fläche, etwa einen Kreis, einen Schlitz o. ä., ausschneiden wollen, bohren Sie ein oder zwei Löcher vor, in die Sie das Sägeblatt einführen, und erst dann wieder festschrauben.
- *Spannsägen:* Mit ihnen lassen sich, wie auch mit Formsägen, geschweifte Formen sägen, zwar nicht so fein, aber dafür dank ihrer gröberen Zahnung und ihres längeren Sägeblattes schneller. Außerdem läßt sich mit ihnen auch dickeres Holz sägen, selbstverständlich auch gerade.
- Schnur oder Draht, mit denen die Säge gespannt wird, werden mit Knebel und Kordel oder einer Flügelschraube und einem Spanndraht festgezogen.
- Die Säge nach der Arbeit immer in entspanntem Zustand aufhängen. Bei Sägen mit Flügelmutter sollten Sie diese gelegentlich ölen, ebenso auch die Unterlegscheibe, gegen die sie beim Anschrauben gepreßt wird.
- *Stichsägen:* Sie können dort eingesetzt werden, wo andere Sägen versagen, etwa beim Ausschneiden eines Schlüssellochs in eine Tür. Ihr Nachteil: Sie sind schwer gerade zu halten und sägen nur langsam.

- Die Stichsäge wird mit einer Hand geführt. Die Arbeit geht aber leichter vonstatten, wenn Sie mit der anderen Hand die Spitze festhalten.
- Für das Ansetzen der Säge müssen Sie jeweils ein Loch vorbohren.
- Mit der Stichsäge jeweils nur so lange wie absolut nötig sägen. Dann mit anderen Sägen, etwa einem Fuchsschwanz oder einer Formsäge, weiterarbeiten.
- *Laubsäge:* Mit ihr lassen sich schwierigste Formen aller Art exakt aussägen. Sie benötigen dafür aber ein stabiles Modell und keine Kinderlaubsäge.
- Die auswechselbaren Sägeblätter – es gibt sie in unterschiedlichen Stärken und Zahnungen – werden mit den Zähnen nach unten eingespannt. Gesägt wird in Abwärtsbewegungen.
- Bei schnellem Sägen werden die Sägeblätter schnell heiß. Ziehen Sie sie deshalb häufiger durch ein Stück Seife, weil eine derartige Gleitschicht die Entstehung von Reibungshitze vermindert.

Pflege- und Reinigungs-Tips

- Sägeblätter werden mit feinem Öl gegen das Rosten eingerieben. Wischen Sie sie aber vor dem Arbeiten gut ab, damit es im Holz keine Flecken gibt.
- Rost kann mit feiner Stahlwolle und Terpentinersatz oder Spiritus entfernt werden.
- Alle Sägen gleiten besser und leichter, wenn Sie, etwa mit einer Kerze, einen feinen Stearinfilm auf die Blätter bringen.
- Bewahren Sie Ihre Sägen möglichst hängend auf, damit die Zähne nicht beschädigt werden.

Was Sie mit Stech- und Stemmeisen machen können

- Die Arbeitstechnik ist bei beiden dieselbe: Sie können – je nach Stärke des abzuhebenden Spans – mit den Händen allein oder auch mit einem Klöpfel oder Hammer arbeiten. Als Regel gilt: Stets mit der Faser oder im rechten Winkel dazu stechen. Nie dagegen, weil sonst das Eisen aus der Linie läuft oder das Holz einreißt.
- Beim Stemmen oder Ausstechen das Eisen immer zunächst in

das Abfallholz, d. h. die auszustechende Fläche, eintreiben und sich von dort aus an die vorher aufgezeichneten Begrenzungslinien heranarbeiten.

- Manchmal erleichtert es die Arbeit, wenn Sie Löcher in den geplanten Schlitz bohren und nur den Rest mit dem Eisen herausstemmen.
- Wenn Sie eine Ecke oder eine Rundung abstechen wollen: Oft ist es einfacher und schneller, wenn Sie dafür nicht die Säge, sondern ein Eisen zur Hand nehmen. Beginnen Sie mit dem Abstechen an einer Ecke, danach an der gegenüberliegenden Ecke das Eisen eintreiben. Die abgestochenen Ecken entfernen und sich mit vielen kleinen Ecken an die vorgesehene Rundung oder Ecke heranarbeiten. Mit der Feile die Form vollenden und genau auf Maß bringen.

Gutes Licht

- Für die meisten Heimwerkerarbeiten brauchen Sie eine gute Lichtquelle. Kaufen oder basteln Sie sich eine starke Handlampe, die Sie überall anbringen und anschließen können. Damit Sie von der Lampe nicht geblendet werden, sollte eine Seite mit einem Blendschutz versehen werden.

Spezialwerkzeuge für die Holzbearbeitung

- *Der Schabhobel:* Mit ihm können Sie die Schweifungen und Rundungen formen, Kanten abschrägen usw. Den Schabhobel gibt es in zwei Ausführungen: mit hohler und mit gerader Klinge. Wichtig bei der Arbeit mit Schabhobeln: Immer mit der Faser hobeln und das Eisen stets im rechten Winkel zum Werkstück halten. Ein Versäubern oder Nacharbeiten erübrigt sich, da mit dem Schabhobel sehr fein gearbeitet werden kann.
- Das *Ziehmesser* ist eines der einfachsten Holzbearbeitungswerkzeuge. Mit ihm lassen sich geschwungene Flächen oder Formen an breiten und schweren Werkstücken herstellen. Wie der Name bereits sagt, wird es gezogen und nicht gestoßen, wobei die Daumen den Schnittwinkel bestimmen. Es besteht aus einer einfachen und breiten Klinge zwischen zwei Griffen. Sie können damit auch grobe Späne abheben.

- Wenn Sie Hartholz oder Furniere seidenglatt machen wollen, benötigen Sie *Ziehklingen.* Sie entfernen damit nach dem Hobeln noch abstehende Fasern oder mißfarbene Stellen. Übrigens: Ziehklingen schaben nicht, sondern arbeiten wie sehr feine Hobel.

Schleifpapiere

- Schleifpapier für Feinarbeiten gibt es in verschiedener Qualität und mit unterschiedlicher Körnung. Mit Glas- und Granatpapier können Sie Holz feinschleifen, wobei Granatpapier länger hält und auch einen feineren Schliff erzeugt. Schleifpapier mit Siliziumkarbidbelag kann sowohl trocken wie auch feucht verwendet werden. Angefeuchtet – so hält es übrigens auch am längsten – lassen sich damit Farbe und Farbreste auf Holz und Metall entfernen. Nicht vergessen, den Schleifbrei immer wieder abwaschen. Trocken können Sie es wie Glas- und Granatpapier verwenden. Ausschließlich Metall wird mit Schmirgelpapier geschliffen.
- Die verschiedene Körnung drückt sich in Zahlen aus. Je größer die Zahl ist, desto feiner der Schliff. Immer mit rauhem Papier beginnen und dann zu feineren Graden überwechseln.
- Hartholz nicht mit Schleifpapier abschleifen, weil der Staub leicht die Poren verstopft. Hier lieber eine Ziehklinge benützen.
- Die gleichmäßigsten und schnellsten Ergebnisse erreichen Sie, wenn Sie das Papier um einen Holz- oder Korkklotz wikkeln, dessen Kanten Sie zuvor abgerundet haben.
- Schleifpapiere immer trocken lagern, weil sie oft unter der Feuchtigkeit leiden.
- Feuchtes Holz erst trocknen lassen, weil es sich sonst mit keinem Papier sauber glattschleifen läßt.
- Wenn Sie feucht schleifen wollen, das Papier nur anfeuchten, nicht triefnaß machen.
- Zugesetztes Papier wird wieder sauber, wenn Sie es mit der Rückseite über eine Kante ziehen. Zusätzlicher Vorteil: Es bricht nicht so leicht, weil es biegsamer bleibt.
- Nach Möglichkeit immer in Faserrichtung schleifen.

Tips für die Oberflächenbehandlung von Holz

- Das Aussehen jeder Holzarbeit hängt davon ab, wie Sie die Oberfläche behandeln.
- Die wichtigste Voraussetzung ist dabei sorgfältiges Abschleifen und Säubern mit Schleifpapier. Immer in Faserrichtung arbeiten.
- Da frisch geschliffenes Holz unter Tageslicht nachdunkelt, sollten Sie nichts auf ihrer Arbeit stehen lassen, weil sich so entstehende helle Flächen nachträglich nur schwer entfernen lassen. Sie müssen Sie nämlich noch einmal nachschleifen.
- Bevor Sie das Holz weiter bearbeiten, den Schleifstaub mit einem feinen Pinsel entfernen.
- Kleine Löcher und Fehler im Holz, die sich durch das Schleifen nicht entfernen ließen, füllen Sie nach dem Schleifen mit Holzkitt, den es in verschiedenen Färbungen gibt. Die Füllung sollte etwas höher als die Holzoberfläche sein, weil sie beim Trocknen schwindet. Nach dem Erhärten abschleifen.

Beizen

- Holzbeizen gibt es in wasser- oder spirituslöslicher Form in vielen Farbtönen und verschiedener chemischer Wirksamkeit zu kaufen. Wenn Sie Ihr Werkstück später mit Lack oder Politur versehen wollen, sollten Sie die Beize verwenden, die der Hersteller des gewählten Überzugsmittels empfiehlt.
- Als Regel gilt: Wasserbeizen sind besser, weil sie kaum chemische Reaktionen haben. Ihr Nachteil: Sie müssen das Holz noch einmal nachschleifen, weil sich oft die Holzfaserspitzen durch die Feuchtigkeit aufrichten.
- Machen Sie vor Arbeitsbeginn eine kleine Färbeprobe: Beizen Sie ein kleines, ebenfalls sorgfältig geschliffenes Holzstück, und färben Sie es wie vorgesehen nach dem Trocknen der Beize ein.
- Beize muß reichlich und zügig aufgetragen werden. Am besten mit einem breiten Pinsel oder einem nicht fasernden Lappen. Immer in Faserrichtung auftragen. Überschüssige Flüssigkeit vor dem Trocknen mit einem Lappen abwischen.
- Nach dem Trocknen der Beize die Fläche mit einem trockenen Lappen gut abreiben.

Holzporen verschließen

- Wenn Ihr Holzstück eine spiegelglatte Oberfläche haben soll, vergleichbar der früher gebräuchlichen echten Schellackpolitur, müssen Sie vor dem Polieren oder Lackieren die Poren des Holzes verschließen. Für diesen Zweck gibt es sogenannte Porenfüller.
- Verwenden Sie am besten den vom Lack- oder Politurhersteller empfohlenen Porenfüller. Die Gebrauchsanweisung sorgfältig beachten.
- Tragen Sie den Füller im richtigen Farbton mit einem Lappen in kreisenden Bewegungen reichlich auf. Zuletzt auch quer zur Faserrichtung einreiben. Den möglichen Überschuß vor dem Trocknen mit einem Lappen abreiben.
- Nach dem Trocknen und Erhärten der Füllung schleifen Sie das Holzstück leicht in Faserrichtung ab.

Holzöle

- Holz, das mit Nahrungsmitteln in Berührung kommt, sollte mit geruchlosem Olivenöl behandelt werden.
- Teaköl enthält im Gegensatz zu Lein- und anderen Ölen Harzbestandteile, die es erheblich schneller trocknen und widerstandsfähiger werden lassen.
- Tragen Sie das Teaköl mit einem Pinsel oder Lappen reichlich auf. Quer zu den Holzfasern einreiben. Nach etwa 30 Minuten das überschüssige Öl abwischen.
- Mindestens acht Stunden eintrocknen lassen, ehe Sie die zweite, dünnere Ölschicht auftragen.
- Wenn das Öl auf dem Holz stehen bleibt, haben Sie zuviel Öl verwendet.
- Nach dem Trocknen der zweiten Schicht, das mindestens einen Tag dauert, schleifen Sie die Holzoberfläche mit der feinsten Stahlwolle. Danach mit einem weichen, trockenen und nicht fasernden Lappen sauber reiben und mit einem Teaköl-Schutzüberzug versehen.
- Nicht ölhaltige Holzarten brauchen mehrfache Ölanstriche.
- Benutzte Lappen sofort vernichten, weil sie leicht entflammbar sind und gelegentlich zur Selbstentzündung neigen.

Möbel

Immer die richtige Politur

- Geöltes Holz mit einem weichen, trockenen und nicht fusselnden Tuch abreiben. Keine Möbelsprays oder Polituren verwenden. Eine Ganzbehandlung mit Öl sollte in keinem Fall öfters als zweimal jährlich erfolgen, weil die Möbel sonst ein schmutziges und klebriges Aussehen bekommen. Sollte das bereits der Fall sein, muß das Holz gründlich mit Terpentinersatz angefeuchtet werden. Das gelöste Öl mit einem Lappen abreiben, den Sie immer wieder erneuern. Danach die Fläche wieder mit Teaköl behandeln.
- Lackiertes und erst danach geöltes Holz pflegen Sie besser mit einer Teakholzpolitur statt mit Teaköl.
- Leichte Flecken oder Ringe vorsichtig mit feinstem Granatpapier entfernen. Die so behandelten Stellen nach dem Schleifen mit etwas Teaköl einreiben, fünf Minuten warten und dann mit einem trockenen Tuch nachreiben.
- Wenn Sie lackiertes und dann eingeöltes Holz beim Entfernen von Flecken an der Lackschicht verletzen, wird die betreffende Stelle zunächst dünn mit Grundlack behandelt. Öl würde das Holz nur dunkler werden lassen. Nach dem Trocknen des Grundlacks die Oberfläche mit feinster Stahlwolle (Nr. 00–000) nachschleifen und anschließend mit einer Teakholzpolitur versehen.
- Schellackpolierte Möbelflächen regelmäßig mit einem weichen, trockenen Tuch abstauben. Flecken möglichst sofort mit einem feuchten Tuch entfernen und trocken nachpolieren.
- Ganze Flächen werden nach dem feuchten Abwischen mit einer Wachspolitur behandelt. Keine Möbelsprays und -cremes benutzen.
- Schellackpolierte Möbel nie mehr als höchstens einmal alle vier Wochen mit einer Wachspolitur pflegen. Die Schellackpolitur leidet eher unter zu häufigem als zu seltenem Polieren.
- Holz, das mit Kunstharz- oder Zelluloselacken versiegelt wurde, sollten Sie gelegentlich mit einer verdünnten Ballenmattierung pflegen. Wenn Sie das Aussehen des Möbelstücks

verbessern wollen, sollten Sie es einmal leicht mit Mattfinish behandeln. Dadurch werden die Farben plastischer, ohne daß die Oberfläche so glänzend wird, wie dies leicht bei einer Ballenmattierung geschehen kann.

Geheimtip für alte Möbel

- Rissen und Sprüngen, insbesondere bei teuren Antiquitäten, können Sie vorbeugen, wenn Sie eine flache Plastikschüssel unter das Möbelstück stellen, die mit etwas Sägespänen, Holzleim und Wasser gefüllt ist. Von Zeit zu Zeit Wasser nachfüllen.

Leichte Dellen und Kerben

- Von der beschädigten Stelle vorsichtig die Politur entfernen.
- Einen festen Trikotballen in ein sauberes, weiches Tuch verknoten, in kochendes Wasser tauchen und auf die beschädigte Stelle drücken. Auslaufendes Wasser sofort mit einem anderen Tuch abwischen. Bei Schadstellen, die an einer senkrechten Möbelstelle liegen, das kochende Wasser direkt aufgießen, die Umgebung mit einem Lappen trockenwischen.
- Diese Behandlung so oft durchführen, bis die Dellen oder Kerben durch Aufquellen verschwunden sind. Danach das Holz gänzlich trocknen lassen. Die zusammengedrückten Fasern werden sich weiter heben.
- Die Schadstelle mit einem Schleifpapier schleifen, nachfärben und polieren.

Tiefe Kratzer und Kerben

- Ebenfalls mit heißem Wasser wie oben beschrieben behandeln.
- Bei Massivholz die beschädigten Stellen aushobeln oder abschleifen und dann neu lackieren.
- Bei furnierten Flächen zunächst versuchen, den Schaden mit Schleifpapier zu beheben. Wenn die Beschädigung aber zu tief geht, sollten Sie die Schadstelle mit Wachs- oder Schellackkittstangen ausbessern. Den Kitt in erhitztem Zustand auf die Kratzer oder Kerben auftropfen lassen, und nach dem Erkalten abschleifen.

Hitze- und Wasserflecken

- Kleine Flecken können Sie von Schellackpolitur mit einem Poliererneuerer entfernen.
- Größere Flecken mit einem spiritusgetränkten Lappen anfeuchten, dann den Spiritus (Methylalkohol) am unteren Rand des auf die Seite gelegten Tisches anzünden. Die entstehende Hitze läßt die Feuchtigkeit in der Politur verdampfen, ohne diese selbst anzugreifen. Danach den Flecken mit Wachspolitur nachbehandeln.
- Sie können die Flecken freilich auch mit feinem Schleifpapier wegschleifen. Nach gründlichem Entstauben tragen Sie dann mehrere Schichten Schellackpolitur auf, wobei die letzte Schicht gut mit der umgebenden Politur verlaufen muß. Gründlich trocknen lassen, dann mit Polierpaste oder Bimssteinpulver nachschleifen, und anschließend mit Wachspolitur nachbehandeln.

Tintenflecke

- Oberflächliche Tintenflecke können Sie mit feinem Schleifpapier oder mit Stahlwolle wegreiben. Danach die Stelle mit Wachspolitur nachbehandeln.
- Wenn sich die Flecken tiefer eingefressen haben, entfernen Sie die Wachs- oder Politurschicht von der Fleckenstelle. Danach den Flecken mit in heißem Wasser gelöster Oxalsäure oder einem Haushaltsbleichmittel bleichen. Den Bleichvorgang solange wiederholen, bis nichts mehr vom Fleck zu sehen ist. Vorsicht: Das Bleichmittel darf nur auf dem Flecken aufgebracht werden. Danach muß die Stelle mit Wasser ausgewaschen werden und trocknen. Anschließend das Holz abschleifen, nachfärben und polieren.
  Wenn sich der Fleck nicht durch Bleichen entfernen läßt, müssen Sie ihn abhobeln, schleifen, ausspachteln und neu polieren.

Zigarettenpause

- Zigarettenpausen sollten Sie nicht in den Räumen machen, in denen Sie arbeiten. Zum einen kann es gefährlich sein. Etwa, wenn Sie mit brennbarem Material arbeiten. Zum anderen aber braucht man auch mal Abstand, um danach mit frischen Kräften weiterarbeiten zu können.

Zigaretten- und Brandflecken

- Wenn die Flecken nur in der Politur sitzen, werden sie wie Wasser- oder Hitzeflecken behandelt.
- Wenn das Furnier mit angesengt wurde, versuchen Sie, den Fleck vorsichtig wegzuschleifen. Feines Schmirgelpapier verwenden.
- Wenn das nicht gelingt, können Sie auch versuchen, den Flecken mit Politur zu verdecken, der Sie Beize in der Holzfarbe beigemischt haben. Danach nachpolieren.
- Wenn auch das nichts hilft, müssen Sie das fleckige Furnierstück ausschneiden und durch ein neues ersetzen.
- Brandstellen auf Massivholz werden entweder abgehobelt und geschliffen. Oder aber Sie schneiden ein etwa 3 mm dikkes Holzstück mit dem Stecheisen heraus und ersetzen es durch ein in Farbe und Maserung passendes Holzplättchen. Danach neu polieren.

Furnier- und Kantenreparaturen

- Wenn ein Furnierstück lose ist, heben Sie es vorsichtig, ohne es zu brechen, mit einem dünnen Messer an. Entfernen Sie den alten Leim darunter entweder mit heißem Wasser oder einem Stecheisen. Danach das Furnierstück wieder mit Kunstharzkaltleim ankleben und zum Trocknen zwischen Hartholzklötzen einspannen. Damit die Klötze nicht ankleben, legen Sie unter sie ein Stückchen Plastik. So schützen Sie übrigens auch gleichzeitig die Möbeloberfläche.
- Wenn Sie eine solche Reparatur in der Mitte eines Möbelstücks ausführen müssen, wo Sie nicht mit Schraubzwingen arbeiten können, sollten Sie anstelle von Leim Kontaktkleber verwenden. Sowohl Furnierrückseite wie auch Holzunterlage dünn bestreichen und nach der angegebenen Wartezeit fest anreiben. Dann die geklebte Stelle mit einem Gewicht belasten.
- Wenn ein Furnierstück abhanden gekommen ist, kaufen Sie ein möglichst in Farbe und Maserung passendes Stück nach.

Durch Eintauchen in Beize können Sie es der Holztönung noch weiter anpassen. Lassen Sie die Beize tief ins Holz einziehen, damit die Farbe beim späteren Schleifen nicht mitabgeschliffen werden kann. Danach den Holzgrund säubern und das Furnierstück einleimen.

- Wenn Holzkanten lose sind, sollten Sie diese möglichst weit, am besten aber ganz entfernen. Die Kantenrückseite und den Plattenrand mit heißem Wasser vom alten Leim befreien und die Kante leicht abhobeln. Dann wird die Kante wieder angeleimt und nach Möglichkeit mit Schraubzwingen eingespannt. Falls das nicht möglich ist, muß sie über die Ränder fest mit Klebestreifen fixiert werden.
- Wenn ein Stück der Holzkante fehlt, zunächst den alten Leim entfernen und dann das Ende der noch vorhandenen Kante mit dem Stecheisen oder der Feinsäge rechtwinklig zuschneiden. Ein Ersatzkantenstück mit richtigem Faserverlauf zuschneiden und zurechthobeln. Das neue Kantenstück anleimen und einspannen. Nach dem Abbinden des Leims müssen Sie das neue Kantenstück durch Abhobeln dem Profil der alten Kante angleichen. Danach sorgfältig schleifen, weil es an den Nahtstellen keinen Absatz geben darf. Die Kante neu polieren.
- Wenn ein Stück der Furnierkante fehlt, sollten Sie das Kantenfurnier ganz entfernen und die Kante mit dem Hobel neu richten. Danach schneiden Sie einen neuen Furnierstreifen zu, der etwa 3 mm dicker ist als die Kante. Kante und Furnier dünn mit Kontaktkleber bestreichen und nach etwa zehn Minuten mit einem Stück Holz oder einem Metallgegenstand aufreiben. Das überstehende Furnier auf Kantenbreite abhobeln, zunächst mit gröberem Sandpapier und dann mit feinem Schleifpapier bearbeiten und anschließend neu polieren.

Versiegelungslacke

- Versiegelungslacke sind wie ein Mittelding zwischen Ölen und Lacküberzügen. Sie werden wie Öle verarbeitet und dringen tief in das Holz ein, das dadurch dunkler wird.
- Einige Versiegelungslacke für Fußböden lassen sich auch für Möbel und andere Holzgegenstände benutzen.

- Tragen Sie den Lack mit einem Pinsel oder Leinenballen auf das nicht gefüllte Holz auf, und reiben Sie ihn quer zur Faser ein. Vor dem Trocknen sollte der Überschuß in Faserrichtung mit einem Pinsel oder Lappen entfernt werden.
- Das so behandelte Holzstück über Nacht trocknen lassen. Vor dem nächsten Anstrich leicht abschleifen.
- Weniger benutzte, zumeist senkrechte Flächen sollten ein- bis zweimal, waagrechte und oft benutzte Flächen sollten dreimal lackiert werden.
- Die letzte Lackschicht nach einigen Tagen Trockenzeit mit der feinsten Stahlwolle in Faserrichtung schleifen.
- Versiegelungslackierungen lassen sich leicht ausbessern und nachstreichen. Sie müssen dafür nur alle Schmutz- und Fettspuren entfernen.

Schellackpolitur

- Die meisten alten Möbel haben eine Schellackpolitur. Diese besteht aus in Spiritus (Methylalkohol) gelöstem Schellack. Der Nachteil dieser Politur: Sie ist empfindlich gegen Feuchtigkeit und Hitze.
- Gebrauchsfertige Schellackpolitur gibt es in verschiedenen Färbungen von Weiß bis Mittelbraun. Die traditionelle ist sattbraun.
- Das Holz muß sorgfältig vorbereitet werden: Es muß sauber und gut geschliffen sein, die Poren sollten gefüllt sein. Bedenken Sie beim Kauf der Schellackpolitur, daß stark getönte Lösungen dunkles Holz noch dunkler machen.
- Zum Auftragen benötigen Sie einen einfachen Polierballen, den es im Handel zu kaufen gibt. Ein oft gewaschenes Taschentuch läßt sich aber auch verwenden.
- Polierballen oder Taschentuch nicht in die Politur eintauchen, sondern nur soviel auftragen, daß die Politur bei leichtem Druck gerade eben durch den Stoff austritt.
- Den Polierballen unter leichtem Druck langsam und gleichmäßig in achterförmigen Bewegungen so lange über die Holzfläche führen, bis diese mit einer dünnen Politurschicht bedeckt ist. Wichtig: Sie müssen innerhalb weniger Minuten mehrere dünne und gleichmäßige Politurschichten auftragen.

Ecken und Kanten des Holzstücks nicht vergessen. Sie brauchen oft mehr als die Holzoberfläche.

- Die »Deckpolitur« etwa acht Stunden trocknen lassen.
- Dann ein wenig Spiritus in einen frischen Polierballen mit doppeltem Bezugstoff füllen. Achtung: Er darf sich nur leicht feucht anfühlen. Wenn er zuviel Spiritus enthält, lösen Sie die bereits aufgetragene Politur wieder auf.
- Das »Auspolieren« dient dem Entfernen der kleinsten Unregelmäßigkeiten von den polierten Flächen. Außerdem wird so der berühmte Hochglanz echter Handpolitur erreicht. Polieren Sie mit den gleichen achterförmigen Handbewegungen wie bei der Deckpolitur, wobei Sie den Druck auf den Ballen im gleichen Ausmaß verstärken, wie er trockener wird. Von Zeit zu Zeit einen frischen Bezug über den Ballen schieben.
- Zuletzt nur noch in Faserrichtung polieren. So lange arbeiten, bis alle Unebenheiten beseitigt sind und die Politur einen einwandfreien, gleichmäßigen Hochglanz aufweist.
- Schellackpolitur trocknet zwar relativ rasch, zum richtigen Hartwerden jedoch werden mehrere Tage benötigt.

Wie Sie die Oberfläche sonst noch bearbeiten können

- Langweilige Holzoberflächen können Sie mit einer Holz-Struktur-Bürste rustikal erscheinen lassen. Die elektrisch arbeitende Bürste befreit Holzdecken, -wände, -regale, Truhen oder Tischplatten von der weichen Holzoberschicht, so daß die Maserung des Holzes plastisch hervortritt. Das Holz wirkt wie sandstrahlgeblasen.

Dübeln

Der Einsatz von Dübeln

- Wenn man Verschraubungen an Wänden aus Stein, Beton o.ä. Material anbringen möchte, empfiehlt sich die Verwendung von Dübeln.
- Für die Anbringung von Dübeln müssen im Mauerwerk und Beton Löcher gebohrt werden. Man verwendet dafür Steinbohrer, die mit einem Maurerfäustel eingetrieben werden. Es gibt sie in drei Ausführungen: Handschlaggerät mit Austrei-

ber, Handschlaggerät mit Einsteckbohrer und Bohrer mit festem Griff.

- Drehen Sie den Bohrer nach jedem Hammerschlag leicht weiter.
- Durch ein kleines Stück feinen Drahtgeflechtes, das Sie über die Spitze des Schlaggerätes ziehen, können Sie sich vor Splittern schützen.
- Wenn Sie eine elektrische Schlagbohrmaschine oder einen Hartmetallbohrer besitzen, können Sie die Dübellöcher wesentlich schneller bohren. Maschinen mit zwei oder mehr Gängen sind dafür besonders gut geeignet, weil niedrigere Drehzahlen ein genaueres Bohren und Einhalten des Lochdurchmessers ermöglichen.
- Dübel halten am besten, wenn die Bohrlöcher nicht größer als ihr Durchmesser sind.

Mauerdübel und wie man sie einsetzt

- Für zu große und ausgebrochene Dübellöcher in schlechten und weichen Wänden eignen sich am besten Knetdübel. Es handelt sich dabei um Röhrchen, die kurz ins Wasser eingetunkt und dann wie Knetmasse in das Loch gedrückt werden. Wenn man die Masse festgestopft hat, bohrt man an der vorgesehenen Stelle mit einem spitzen Gegenstand ein Loch vor und zieht die Schraube zwei oder drei Gewindegänge ein. Nach fünf bis zehn Minuten ganz eindrehen.
- Nylonspreizdübel für Holzschrauben werden in ein Bohrloch gesteckt, das in Länge und Durchmesser genau identisch mit ihrer Länge und Durchmesser sein sollte. Beim Eindrehen der Schraube wird die Dübelmasse an die Seitenwände des Loches gepreßt.
- Wenn Sie keine Dübel zur Hand haben, können Sie sich auch mit folgender Notlösung behelfen: Sie nehmen sich ein kleines Holzstück von ungleichen Ausmaßen (es sollte an einer Seite länger und breiter als an der anderen sein), plazieren dieses in das Loch und gipsen es ein. In das Holzstück wird dann die Schraube eingedreht.
- Wenn Sie schwere Gegenstände oder Konstruktionen befestigen wollen, die großen Belastungen ausgesetzt sind, sollten

Sie sogenannte Schwerlastdübel (Steinanker) verwenden. Es handelt sich dabei um Spreizdübel aus Nylon und Metall, in die Schrauben mit Maschinengewinde eingedreht werden.

Dübel zum Durchstecken

- Metallkippdübel besitzen einen Balken, der in dem Moment nach unten kippt, wenn er zur Gänze durch das Bohrloch in Wand oder Decke gesteckt wurde. Danach die Gewindestange eindrehen, bis die Unterlage fest anliegt.
- Der Metallspreizdübel wird mit bereits befestigtem Werkstück und angelegten Armen in das Loch eingeführt. Die ge-

federten Arme spreizen sich selbständig, wenn sie durch das Bohrloch gesteckt sind. Danach die Gewindestange anziehen, bis das Werkstück festsitzt.

- Die Krallendübel lassen sich am besten mit einer Spezialzange einsetzen. Den Dübel einführen, bis der Sternkranz mit dem befestigten Werkstück an der Wand anliegt. Den Schraubenzieher beim Anziehen gut andrücken. Krallendübel haften auch dann im Bohrloch, wenn die Gewindestange herausgeschraubt wird. Die Metallbügel pressen sich beim Festziehen des Dübels an der Innenseite der Oberfläche fest.
- Für Neoprendübel wird ein Loch in Dübelstärke gebohrt. Den Dübel mit dem bereits befestigten Werkstück bis zum Rand in die Öffnung hineinstecken. Danach die Schraube mit dem Werkstück in den Dübel hineindrehen und solange anziehen, bis sich der Dübel verformt und fest an die Gegenseite der Oberfläche angepreßt hat. Neoprendübel sind ideal für vibrationsfreie Befestigungen auf Rohren und Platten aus Kunststoff.
- Bei Nylonankern verwendet man Holzschrauben. Der Dübel wird in das vorgefertigte Loch eingeführt. Die Schraube mit dem Werkstück hineinstecken und anziehen, bis der Anker durch die Öffnung gedrückt wird. Wenn Sie die Schraube weiter anziehen, wird der Anker gegen die Wand gezogen und fällt nach unten, wenn die Verbindung gelöst wird. Schraube solange andrehen, bis Werkstück und Anker fest angepreßt sind.
- Beim Nylonkippdübel läßt sich ein Stopfen mittels eines gerasterten Bandes verschieben und so genau an jede Wand-, Decken- oder Plattenstärke anpassen. Zunächst den Balken durch das Loch stecken und durch Zug am Band umlegen. Den Stopfen ins Bohrloch drücken und das herausragende Band abschneiden. Danach die Schraube mit dem Werkstück durch den Stopfen in den Balken eindrehen. Balken und Stopfen sitzen fest, wenn die Schraube herausgedreht wird.
- Der montagefertige Nylondübel wird in ein Loch ganz hineingebohrt, das genau der Dübelstärke entsprechen sollte. Danach die Schraube so lange anziehen, bis sie fest sitzt und sich der Dübel gespreizt hat. Nylondübel eignen sich für Befesti-

gungen in Platten und Mauerwerk. Der gespreizte Dübel verbleibt im Bohrloch, auch wenn die Schraube herausgedreht wird.

Mach mal Pause

- »Mach mal Pause« heißt es in einem bekannten Werbespruch. Er gilt übrigens auch für Heimwerker, die sich für ein anderes Getränk begeistern können. Pausen sind nicht nur zum Verschnaufen, sondern manchmal auch zum Nachdenken da. Darüber, wie sich ein Arbeitsgang vielleicht noch weiter beschleunigen läßt.

Umgang mit Metallen

Tips für genaues Bohren

- Die Bohrstelle mit einem Linienkreuz anreißen und mit einem Körner leicht markieren. Besonders Sorgfältige zeichnen um die Körnervertiefung herum einen Kreis an, dessen Durchmesser genau dem des Bohrers entspricht. So merken Sie ein Auswandern des Bohrers am schnellsten.
- Passiert dies, so schlagen Sie auf der Gegenseite mit dem Körner oder Spitzmeißel eine kleine Grube ins Metall, ehe Sie mit dem Bohren weitermachen. Diese Korrektur notfalls wiederholen. Sie läßt sich allerdings nur so lange ausführen, wie der Bohrer mit der Spitze bohrt.
- Metall sollte – wie auch Holz – zum Bohren immer fest eingespannt werden, damit es sich nicht mitdrehen kann, falls der Bohrer einmal hakt.
- Empfindliche Teile durch eine Zwischenlage aus Papier oder Stoff vor Beschädigungen schützen.
- Bei allen Metallen außer Messing wird der Bohrer mit Bohröl geschmiert.

Metallsägen

- Zum Sägen von Metall oder Plastik verwendet man Bügelsägen, in die Sägeblätter eingespannt werden.
- Sägeblätter für Metallbearbeitung gibt es in drei Härtegraden: – Biegsame Blätter aus Wolframstahl: Hier sind nur die

Zähne gehärtet. Sie brechen nicht leicht ab und sind deshalb besonders für »Anfänger« geeignet. Allerdings können Zähne absplittern. – Ganz gehärtete Blätter: Diese Blätter, ebenfalls aus Wolframstahl, sind steifer und bleiben länger scharf. Sie sind aber auch spröder und brechen deshalb schnell ab. – Sägeblätter aus Schnellschnittstahl (SS-Stahl): Sie sind ebenfalls ganz durchgehärtet, recht spröde und vor allem teuer. Mit ihnen lassen sich härteste Metalle durchsägen. Außerdem haben sie die längste Lebensdauer.

- Als Regel für das Sägen gilt: Je dünner das zu sägende Metall ist, desto feiner sollte das Sägeblatt sein. Und: Beim Sägen sollen immer mindestens drei Zähne das Metall berühren.
- Nur weiches Metall sollten Sie mit einem möglichst groben Sägeblatt bearbeiten, weil feine Blätter zu schnell durch Späne zugesetzt werden.

Praktische Tips für das Sägen

- Möglichst immer waagrecht und nur dann geneigt sägen, wenn Sie nur so gleichzeitig drei Zähne auf dem Metall aufsetzen können.
- Für breite Sägeschnitte, Schlitze oder Nuten können Sie mehrere Sägeblätter nebeneinander in den Bügel spannen.
- An engen Stellen das Sägeblatt über das Werkstück legen und dann umgekehrt am Bügel befestigen.
- Einen glatten Schnitt erhalten Sie, wenn Sie in Richtung Rückseite hin sägen und dort zum Schluß einen möglichen Grat mit der Feile entfernen.
- Schiefe Schnitte können folgende Ursachen haben: Die Säge hat zu wenig Spannung; Sie sägen mit zu starkem Druck; das Werkstück war nicht fest genug eingespannt.
- Zähne brechen aus, wenn Sie mit Sägeblättern falscher Zahngröße arbeiten.
- Zähne verschleißen dann zu rasch, wenn Sie ein biegsames Blatt für ein zu hartes Metall benutzen, die Zähne in die falsche Richtung zeigen oder wenn Sie mit zuviel Druck oder zu schnell sägen.
- Vor dem Ansetzen der Säge die Schnittfläche des Werkstücks mit einer Dreikantfeile einkerben. Beim Ansetzen den linken

Daumen zur Führung nutzen, die Säge mit beiden Händen halten. Sie schneidet beim Vorwärtsstoßen und wird ohne Druck zurückgezogen. Bei jedem Stoß die volle Länge des Sägeblatts ausnützen.

- Ein neu eingesetztes Sägeblatt ist meistens dicker als das zerbrochene. Sie dürfen deshalb nicht im alten Schnitt weitersägen, sondern müssen auf der Rückseite des Werkstücks einen neuen Schnitt beginnen.
- Es ist vorteilhaft, das Sägeblatt während der Arbeit immer wieder mit Wasser, am besten mit Seifenwasser, abzukühlen.

Nieten

- Wenn Sie dauerhafte Metallverbindungen herstellen wollen, die fester als gelötete sind, benötigen Sie Nieten. Diese bestehen aus hämmerbaren Metallen wie Eisen, Stahl, Kupfer, Messing oder Aluminium. Es gibt sie in verschiedenen Formen.
- Rundkopfnieten verwendet man bei Metallplatten, wo sie nicht stören oder Versenkungen für Senknieten das Metall nicht zu sehr schwächen.
- Flachkopf- oder Blechnieten verwendet man bei Blech und dünnen Platten, wenn die Oberfläche nicht glatt sein muß.
- Senknieten werden überall dort eingesetzt, wo es auf vollkommen glatte Flächen ankommt. Die Bleche für diese Nietung müssen aber mindestens 3 mm dick sein.
- Linsenkopfnieten sind eine Kombination aus Senk- und Rundkopfnieten. Sie müssen nur relativ flach im Metall eingesenkt werden.
- Spaltnieten mit zwei Zinken und zweiteilige Nieten werden bei weichem Material wie Leder, Plastik oder Sperrholz verwendet.

Regeln für das richtige Nieten

- Der Nietenschaft muß mindestens so dick sein wie eine der vernieteten Platten. Er darf aber nicht mehr als dreimal so dick sein.
- Das Bohrloch für jede Niete muß genau ihrem Durchmesser entsprechen, wenn sie halten soll.

- Der Abstand zwischen mehreren Nieten soll in der Längsrichtung des Metalls doppelt so groß sein wie ihr Durchmesser. In der Querrichtung doppelt so groß. Als Abstand vom Rand der vernieteten Teile reichen eineinhalb Nietendurchmesser aus.
- Eine einfache Nietenreihe genügt für Verbindungen, die keinen starken Belastungen ausgesetzt sind.
- Stark beanspruchte Metallverbindungen sichern Sie am besten durch eine doppelte Nietenreihe. Die Festigkeit erhöhen Sie noch weiter, wenn Sie die Nieten versetzt anbringen.
- Reißen Sie die Lage der Bohrlöcher für die Nieten zunächst auf einem Werkstück an, und markieren Sie sie mit dem Körner.
- Danach die Bleche oder Platten, die vernietet werden sollen, in der gewünschten Lage aufeinanderlegen, mit einer Schraubzwinge oder einem Feilkolben fest zusammenspannen und die Löcher für die Nieten gleichzeitig durch beide Teile bohren.
- Wenn Sie mit Senknieten arbeiten, bohren Sie dann die Einsenkungen.
- Die Nieten auf die erforderliche Länge zurechtsägen. Dazu ihr freies Ende in den Schraubstock spannen. Wenn Sie die Nietenschäfte mit der Beißzange kürzen, verformen diese. Sie haben es dann schwieriger, den Kopf zu bilden.
- Die Nieten werden immer von der Rückseite her eingeführt, mit dem aufgesetzten Nietenzieher – ein Werkzeug mit einem Loch vom Durchmesser des Nietenschafts – durch einen Hammerschlag eingetrieben, wobei gleichzeitig die Werkstücke aufeinandergepreßt werden.
- Beim Schließen von Halbrundnieten liegt der untere Nietenkopf in der Vertiefung des Schließstocks oder auf der Hirnholzseite eines Holzklotzes. Bei Senk- und Flachnieten eignet sich am besten ein Stück Flachstahl als Unterlage.
- Jetzt formen Sie den Nietenkopf. Zunächst stauchen Sie den Nietenschaft durch einen kräftigen Schlag mit der flachen Hammerbahn, damit er das Bohrloch auch wirklich ganz ausfüllt.
- Danach den Nietenkopf mit dem Kugelhammer und dem

Schließeisen abrunden. Das Schließeisen besitzt eine nietenkopfförmige Vertiefung und ist ein Spezialwerkzeug zum Rundschlagen des Nietenkopfs.

- Senknieten werden nur mit dem Hammer flach eingeschlagen und, falls nötig, anschließend mit dem Werkstück bündig gefeilt.
- Nieten müssen nicht unbedingt auf beiden Seiten den gleichen Kopf haben. Sie können Senknieten auf der Oberseite mit Halbrund- oder Linsenköpfen schließen, aber genauso auch Halbrund- oder Flachnieten oben versenken.
- Ein zu langer Nietenschaft ist oft die Ursache für einen schlecht geformten Nietenkopf.
- Achten Sie immer darauf, daß nach dem Bohren der Grat entfernt wird, weil sonst die Bleche nicht dicht aufeinanderliegen können.
- Eine andere Ursache für nicht dicht aufliegendes Blech kann auch eine nicht gut angezogene Niete sein. Das Nietenmetall konnte sich beim Stauchen zwischen die Bleche drücken.
- Wenn Sie eine Rundkopfniete entfernen wollen, meißeln Sie den Kopf ab. Danach die Niete herausschlagen.
- Wenn Sie eine Senkniete entfernen wollen, müssen Sie den Nietenkopf in der Mitte ankörnen, mit einem Krauskopf aufreiben und dann herausschlagen.

Löten

- Wenn Sie dünnere Metallteile anders als durch Nieten verbinden wollen, so können Sie auch löten. Dabei werden erwärmte Metallteile durch eine dünne Schicht aus geschmolzener Metallegierung, das Lot, miteinander verbunden.
- Man unterscheidet zwei Lötarten:
  – Das *Weichlöten* erfolgt bei relativ niedrigen Temperaturen, etwa 190 bis 235 Grad, die Verbindungen halten keine großen Beanspruchungen aus.
  – Das *Hartlöten* erfolgt bei Temperaturen zwischen 720 und 820 Grad. Die Verbindungen sind fest und hitzebeständig.
- Gelötet wird mit einem Kupfer- oder elektrischen Lötkolben, einer Benzin- oder Gaslötlampe.

- Elektrische Lötkolben gibt es zwischen 60 und 500 Watt. Mit ihnen lassen sich die meisten Lötarbeiten durchführen.
- Hartlöten kann man nur mit einer Lötlampe.
- Beim Weichlöten wird Lötzinn verwendet, eine Blei-Zinklegierung oder Zinklegierung mit anderen Metallen. Es gibt es in Stangen oder als Draht mit Kolophonium. Lötdraht eignet sich besonders gut und ist beim Löten elektrischer Verbindungen unentbehrlich.
- Ebenfalls benötigt werden Flußmittel, die es in flüssiger wie auch in Pastenform zu kaufen gibt.
- Zum Löten von Zinn und Blei verwendet man Rindertalg.
- Beim Hartlöten sind die Flußmittel Boraxpräparate, und als Lot verwendet man Silberlot aus Silber, Kupfer und Zink oder Messingschlaglot aus Kupfer und Zink mit geringen anderen Beilagen. Der Schmelzpunkt von Hartloten liegt über 450 Grad. Sie werden in Streifen-, Draht- und Körnerform angeboten.

Und so wird gelötet

- Beim Weichlöten feilen Sie zunächst die beiden Teile, die verlötet werden sollen, blank. Damit das Lot gut haftet, werden sie dann mit einem Flußmittel bestrichen. Während des Lötens beide Teile so fest wie möglich aneinanderdrücken, weil sie das Lot verbinden, aber keine Zwischenräume ausfüllen soll. Den Lötzinn aufbringen und erhitzen. Wenn das Lötzinn nur Klümpchen bildet statt zu fließen, ist der Lötkolben nicht heiß genug.
- Wenn Sie einen elektrischen oder anderen Draht an einer Öse anlöten müssen, so verfahren Sie folgendermaßen: Die Spitze des heißen Lötkolbens blank feilen und mit einem Stückchen Lötdraht verzinnen. Das ebenfalls blank gefeilte bzw. gesäuberte Drahtende und die Öse werden gleichermaßen verzinnt. Dann beide Teile zusammenhalten, gemeinsam erhitzen und mit einem weiteren Tropfen Lötzinn verbinden.
- Beim Hartlöten wird das Werkstück erhitzt und das in Lötpaste getauchte Hartlot aufgebracht.
- Bei kleineren Lötarbeiten können Sie das Lötstückchen auch

kalt auf die Verbindungsstelle legen und gemeinsam mit den Werkstücken erhitzen.

- Generell gilt für alle Lötarbeiten: Besser zuviel als zuwenig Flußmittel.
- Bei der Lötlampe ist die Spitze des inneren Flammenkerns die heißeste Stelle.

Schleifen und Polieren

- Verwenden Sie mehrere Schleifmittel mit immer feiner werdender Körnung. Zunächst mit so grobem Schmirgelpapier arbeiten, daß ein geschlossenes Netz aus feinen Schleifspuren entsteht. Dann rechtwinklig zu ihnen mit dem nächstfeineren die Spuren entfernen. So fortfahren, bis man bei der feinsten Körnung angelangt ist.
- Zum Abschluß mit Polierpaste oder -wasser das Werkstück polieren.
- Mit der Bohrmaschine und der Schwabbelscheibe können Sie die Politur dann auf Hochglanz bringen.

Das richtige Schleifmaterial

- Stahlwolle besteht aus sehr feinen Stahlfäden oder -spänen. Sie dient zum Entfernen von oberflächlichem Rost, Schmutz und Farbe.
- Stahldrahtbürsten erfüllen einen ähnlichen Zweck, wirken jedoch stärker. Mit ihnen läßt sich auch Rost entfernen.
- Stahldrahttopfbürsten werden in die Bohrmaschine eingespannt. Mit ihnen lassen sich Rost und Farbe unter starkem Druck entfernen. Es kann aber auch passieren, daß sie mehr polieren anstatt entrosten.
- Schmirgelpapier ist dem Sandpapier sehr ähnlich, wird aber nur für Metallbearbeitung verwendet. Die Wirkung läßt sich durch Anfeuchten mit Paraffinöl erhöhen.
- Naßschleifpapier erfüllt den gleichen Zweck wie Schmirgelpapier, kann aber mit Wasser angefeuchtet werden. Dadurch verhindern Sie, insbesondere auf Lackflächen, ein Verkleben.
- Schmirgelleinen ist fester als Schleifpapier. Das ist vor allem dann von Vorteil, wenn Sie es streifenweise für Rundungen verwenden.

Punkt, Punkt, Komma, Strich ...

Die besten Tips zum Malern

Vorbereitungen

- Wenn Sie Wände bemalen wollen, messen Sie die zu bearbeitende Fläche genau aus. Kaufen Sie lieber etwas mehr Farbe ein als Sie voraussichtlich benötigen werden.
- Das Abkratzen alter Farbe bringt erfahrungsgemäß sehr viel Schmutz mit sich. Legen Sie deshalb den ganzen Fußboden mit Plastikfolie aus, die Sie mit Tesa-Krepp an den Fußleisten festkleben. Die Folie gibt es in jedem Farbgeschäft.
- Auch Fenster- und Türrahmen, Heizkörper, Schalter und Steckdosen müssen, ebenso wie alle festen Einbauten, die nicht mitangestrichen werden sollen, mit Papier, Plastikfolie und Kreppstreifen zugeklebt werden.

Alte Farbe runter

- Ob der alte Anstrich noch tragfähig ist, können Sie mit einem einfachen Trick überprüfen: Ritzen Sie mit dem Universalmesser ein feines Karomuster in die Farbe, drücken Sie einen Klebestreifen auf und ziehen Sie ihn dann ruckartig ab. Wird mehr als ein Drittel der kleinen Farbkaros abgelöst, muß der alte Anstrich unbedingt entfernt werden.
- Alte Leimfarben-Anstriche sind wasserlöslich. Sie lassen sich gut abwaschen. Die Flächen gründlich einweichen und dann die Farbe mit der Deckenbürste abwaschen. Kurze Borsten reinigen am besten. Festsitzende Farbreste abspachteln.
- Wasserfeste Dispersionsfarben lassen sich mit Tapetenablöser, etwa Dufix oder Molto, ablösen. Die ganze Fläche gleichmäßig anfeuchten, ziehen lassen und dann die Farbe mit einem Spachtel abstoßen. Lose Farbteile schon vor dem Anfeuchten entfernen.
- Abwaschbare Tapeten sollten vor dem Streichen mit einer milden Waschmittellauge und danach mit klarem Wasser abgewaschen werden.
- Alte Ölfarben oder Lacke, wie man sie beispielsweise in Küchen oder Badezimmern findet, dürfen Sie nicht einfach überstreichen. Schlecht erhaltene Anstriche müssen entfernt werden: Mit einem Pinsel flüssigen Abbeizer auftragen, quellen lassen und dann mit dem Spachtel entfernen.
- Silikon-Polituren, Eisen, Stahl und Aluminium müssen vor

dem Anstrich gründlich von der alten Farbe und möglichem Rost befreit werden. Silikon-Polituren mit einem in Terpentin getränkten rauhen Lappen abreiben und mit Schleifpapier nachschleifen. Genauso verfahren Sie auch bei mit Wachs gebeizten Holzflächen. Farbe und Rost können von Eisen und Stahl mit einer Stahldrahtbürste entfernt werden, die von einer elektrischen Bohrmaschine angetrieben wird. Danach gründlich mit Terpentin abwaschen. Blanke Stellen grundieren. Auf Aluminium zunächst die alte Farbe mit einem feinen Schleifpapier entfernen, ehe mit Terpentin nachgewaschen wird. Blanke Stellen vor dem neuen Anstrich grundieren.

Den alten Lackanstrich übermalen

- Noch gut erhaltene Lackanstriche können bei entsprechender Vorbereitung übermalt werden. Tragen Sie entweder eine Salmiaklösung, die im Verhältnis 1:8 mit Wasser verdünnt wurde, auf. Das macht die Oberfläche so rauh, daß ein neuer Anstrich Halt findet. Oder aber reiben Sie die Fläche mit Schleifpapier ab, indem Sie das Papier um einen Holzblock wickeln, der gut in der Hand liegt.

Vorher grundieren

- Blankes Holz vor dem Anstrich immer grundieren. Gebeizte Flächen sollten mit zwei Lagen Holzgrundierer versiegelt werden, ehe Sie die neue Farbe auftragen.
- Sandelnde Putzflächen und alte, nicht ganz wischfeste Anstriche sollten Sie mit einer Sicherheits- oder Tiefgrundierung versehen, wie sie auch beim Tapezieren verwendet wird. Diese flüssigen Grundiermittel, die es in jedem Farbengeschäft gibt, streichen Sie am zweckmäßigsten mit einem breiten Flächenpinsel gleichmäßig auf die Wand. Ein nützlicher Nebeneffekt: Manche der Mittel haben auch pilztötende Eigenschaften.

Weg mit den Rissen in der Wand

- Alte Risse, die beim Abwaschen der Wand sichtbar werden, müssen sorgfältig verspachtelt werden. Kleine Risse können Sie mit einem Pinsel zustreichen, der in verdünnten Dispersionsspachtel getaucht wurde. Breitere Risse im Putz mit Dispersions- oder Zellulosespachtel, große mit Gips verschließen.

- Große Mauerrisse sollten mit einer dauerelastischen Masse, etwa Sista, verschlossen werden.
- Achten Sie darauf, möglichst alle Unebenheiten der Wand »wegzuspachteln«. Tragen Sie mit einem breiten Flächenspachtel gleichmäßig Dispersions-Spachtelmasse auf alle Unebenheiten auf.

Salz abkratzen

- Alkalische Salze können auf der Oberfläche von Gipsverputz, Beton, Ziegel und Naturstein einen weißen Belag hervorrufen. Weichen Sie hier die alte Farbe mit einem chemischen Entferner auf. Danach den Belag abkratzen und die Fläche trocknen lassen. Bevor Sie dann den ersten Deckanstrich auftragen, sollten Sie die befallene Stelle mit einem alkalibeständigen Isoliermittel abdichten.

Ruß- und Rostflecken

- Wasser-, Ruß- und Rostflecken schlagen leicht durch den neuen Anstrich durch. Überdecken Sie deshalb diese Flächen vor dem neuen Anstrich mit Isolierlack oder einer wasserfreien Fassadenfarbe.

Schimmeltod für Küche und Bad

- Schimmel tritt zumeist in Küche oder/und Badezimmer auf. Sie erkennen ihn an den roten, braunen oder schwarzen Flekken auf der Farbe. Vergewissern Sie sich zunächst, daß die Flecken nicht von rostigen Nägeln oder Schrauben herrühren. Falls dies nicht der Fall ist, behandeln Sie die Stellen mit einem pilztötenden Mittel. Große Schimmelflächen, unter denen der Putz abbröckelt, signalisieren, daß die ganze Wand von Feuchtigkeit durchdrungen ist.

Tapetenränder festkleben

- Wenn Sie alte Tapeten überstreichen wollen, überzeugen Sie sich, ob diese noch überall festsitzen. Lockere Ränder oder abstehende Teile mit einem Dispersionskleber aus der Tube wieder festkleben.

Das ist meine Farbe

- Sie können sich ausgefallene Farbtöne auch selbst zusammenmischen. Machen Sie zunächst Versuche mit kleinsten Mengen, und tragen Sie diese an einem kleinen Probestück auf. Nach dem Trocknen wissen Sie, wie Ihre Farbmischung »fertig« aussieht. Beachten Sie, daß Leimfarben zumeist blasser auftrocknen, Dispersions- und Binderfarben kräftiger.
- Sie können dem Trocknen Ihres Probeanstrichs – auf einem Stückchen Papier – auch mit einem Haarfön nachhelfen.

Farben nicht zu dünn und nicht zu dick

- Farben vor dem Gebrauch immer gut durchrühren.
- Wenn die Farbdose offen stehen bleibt, bildet sich auf der Oberfläche eine Haut. Schneiden Sie sie mit einem scharfen Messer rundum heraus und nehmen Sie sie dann möglichst vollständig ab. Die Farbe durch einen alten Nylonstrumpf fließen lassen. So bleiben alle Hautstücke zurück, die Sie vielleicht nicht erwischt haben.
- Die meisten Farben können verdünnt werden. Emulsionsfarben mit Wasser, Ölfarben und Lacke mit Terpentin oder entsprechenden Lösungsmitteln. Eingedickte Farben, die erst beim Streichen flüssig werden (Kompaktfarben), nicht verdünnen, weil sich sonst ihre Struktur verändert und sie ihre Deckkraft verlieren.

Auf die richtige Farbe kommt es an

- *Kompaktfarbe:* Stark eingedickte Farbe mit guter Deckfähigkeit. Die Farbe verläuft so gut wie gar nicht und eignet sich deshalb besonders gut für Anfänger. Wenn sie nicht zu stark ausgestrichen wird, deckt sie oft in einer Schicht genauso gut wie ein zweifacher Anstrich mit flüssiger Farbe.
- *Leimfarbe:* Sie besteht aus Kreide, Wasser und Leim als Bindemittel. Sie läßt sich, am besten mit dem Roller, problemlos verarbeiten und ist auch relativ billig. Da sie nicht witterungsbeständig ist, kann sie nur bei Innenanstrichen eingesetzt werden.

- *Dispersions- und Binderfarben:* Sie sind eine Mischung aus Farbstoffen, Kunstharz als Bindemittel, Füllstoffen und weiteren Zusätzen, die für die Eigenschaften wisch-, wasch- und scheuerfest sorgen. Der Anstrich ist äußerst haltbar und läßt sich innen wie außen anbringen. Geben Sie beim Einkauf den Zweck an, für den Sie die Farbe benötigen, da nicht jede Dispersionsfarbenmischung gleich ist.
- *Latexfarbe:* Durch das Bindemittel Kunstkautschuk werden besonders strapazierfähige Anstriche möglich, etwa in der Küche, dem Flur oder dem Kinderzimmer. Latexfarbe gilt als hochwertige Dispersionsfarbe mit einer seidig glänzenden Oberfläche und einer großen Witterungsbeständigkeit.
- *Kalkfarbe:* Sie setzt sich aus gelöschtem Weißkalk und Farbpigmenten zusammen, die mit Wasser verdünnt werden. Sie eignet sich besonders gut für Fassaden sowie für Räume, die feucht und starken Temperaturschwankungen unterworfen sind. Nicht vergessen: Kalk ätzt. Deshalb bei Malarbeiten mit Kalkfarben Schutzbrille und Gummihandschuhe tragen.
- *Ölfarben und -lacke:* Sie ist für Holz und Metall ebenso geeignet wie für Stein und Putz. Voraussetzung ist ein gut vorbereiteter Untergrund, der trocken, eben, staub- und rostfrei sein muß. Bei Außenanstrichen darf die Ölfarbe nicht zu stark verdünnt werden. Besonders wetterfest wird sie, wenn sie einen Schlußanstrich mit Öllack erhält.
- *Kunstharzfarben und -lacke:* Sie lassen sich wie Ölfarben verarbeiten und werden schnell äußerst hart. Sie sind teurer als Ölfarben. Kunstharzfarben und -lacke gelten als äußerst witterungsbeständig und widerstandsfähig gegen Stöße und Schläge, was auch zu dem Begriff »Schlagfestlacke« geführt hat.

Pinsel

- Achtung: Zu Beginn haaren alle neuen Pinsel. »Durchkämmen« Sie sie deshalb vor Gebrauch mit den Fingern, und entfernen Sie so alle losen Borsten oder Haare.
- Es empfiehlt sich, einen Satz Pinsel nur für Weiß und einen anderen nur für Farben zu benutzen. Denn selbst bei sorgfältigstem Reinigen bleiben aller Wahrscheinlichkeit nach noch

winzige Farbreste zurück, die aus dem Weiß leicht eine Mischfarbe machen können.

- Für den Anstrich von Decken und Wänden sollten Sie eine Decken- oder Anstrichbürste aus Schweinsborsten verwenden. Sie können dazu aber auch einen breiten Flächenstreicher benutzen.
- Der angeschrägte Strichzieher erleichtert Ihnen das Streichen an schwierigen Stellen, zum Beispiel an Fensterrahmen.
- Sie können sich einen Strichzieher auch leicht selbst anfertigen: Sie brauchen dazu nur einen bereits abgenützten Pinsel schräg abzuschneiden.
- Mit dem geknickten Heizkörperpinsel können Sie nicht nur Heizkörper, sondern auch sonstige schwer zugängliche Flächen bemalen. Zur Not tut es freilich auch eine Schuhcremebürste, die Sie fest an einen Holzstab binden.
- Der Staubpinsel ist ein einfacher, weicher Pinsel, mit dem die Malfläche vor dem Anstreichen gesäubert wird.

Roller

- Wenn Sie große Flächen anstreichen wollen, empfiehlt sich die Anschaffung eines Rollers mit Abstreifgitter. Zum einen geht die Arbeit meist rascher vonstatten, und zum anderen wird der Anstrich in der Regel auch schöner, weil gleichmäßi-

ger. Der Nachteil: Sie verbrauchen mehr Farbe als mit Pinseln.

- Eine mit dem Roller gemalte Fläche ist nie ganz glatt. Sie wird immer rauh bleiben. Ecken oder Malflächen, die ungewöhnlich rauh sind, können Sie mit dem Roller nicht anstreichen. An erstere kommen Sie nicht heran, und bei zweiteren kann es Ihnen passieren, daß die Haare der Rollerdecke zu kurz sind, um auch tiefer gelegene Stellen voll abzudecken. Sie benötigen also in jedem Fall zusätzlich zum Roller noch Pinsel.

Tips zur Reinigung und Pflege

- Roller sollten unmittelbar nach Gebrauch in Farblösungsmitteln, oder, wenn mit Dispersions- und Binderfarben gearbeitet wurde, in warmem Seifenwasser gründlich gereinigt werden. Danach die Walze gut ausschleudern, an der Luft trocknen lassen und anschließend in Papier eingewickelt aufbewahren.
- Pinsel sind ebenfalls sofort nach Gebrauch zu reinigen. Legen Sie ihn auf einige Lagen Zeitungspapier und streifen Sie ihn, immer von hinten nach vorn, zu den Borstenspitzen hin, unter leichtem Druck mit einem Messerrücken oder einem anderen stumpfen Gegenstand aus.
- Danach den Pinsel in einem Lösungsmittel gründlich auswaschen. Für Emulsions- und Leimfarben genügt kaltes Wasser.
- Öl- und Lackfarben können Sie mit Terpentin, Terpentinersatz oder einem entsprechenden Lösungsmittel entfernen. Ganz gründliche Heimwerker waschen ihn außerdem anschließend in warmem Seifenwasser ab, ehe man ihn unter dem Wasserhahn abspült.
- Wenn Sie einmal vergessen haben, den Pinsel unmittelbar nach Gebrauch zu reinigen, stellen Sie den Pinsel in ein Gefäß mit Terpentin oder Terpentinersatz. Warten, bis er wieder aufgeweicht ist, dann soviel wie möglich Farbe mit dem Spachtel abstreifen. Diesen Vorgang solange wiederholen, bis der Pinsel wieder ganz weich ist. Anschließend mit warmem Seifenwasser ausspülen.
- Ganz harte Pinsel mit Farbentferner wieder weich machen.
- Gereinigte Pinsel an der Luft trocknen lassen. Danach in Zei-

tungspapier einschlagen. So behalten die Borsten ihre Form.
- Ölfarbenpinsel kann man ungereinigt über Nacht aufbewahren, wenn man sie am durchbohrten Stiel per Nagel oder Draht in ein Glas Wasser hängt. Soviel Wasser einfüllen, bis die Borsten gerade eben bedeckt sind. Der Pinsel darf den Boden des Glases nicht berühren, weil die Borsten sonst krumm werden oder abbrechen.

Spritzpistolen
- Bei großen Flächen kann man auch Spritzpistolen verwenden. Komplette Farbspritzanlagen (Elektromotor, Kompressor, Drückschlauch und Pistole) gibt es zwischen 250 und 600 Mark, Pistolen mit eingebautem Motor bereits ab etwa 100 Mark. Sie sind in der Leistung allerdings erheblich schwächer. Dies gilt auch für Pistolen, die auf manche Staubsauger aufgesteckt werden können.
- Spritzpistolen müssen nach Gebrauch ebenfalls sorgfältig gereinigt werden.

Das richtige Malergerät
- Oft müssen die Malflächen vor dem Anstrich malfertig gemacht werden. Dafür gibt es verschiedene Werkzeuge.
- Zum Abschaben von alten Farben auf glatten Flächen werden Malerspachtel benutzt. Ecken und Spalten werden mit Kratzern gesäubert. Daneben gibt es noch Fugenkratzer und Spezialschaber.
- Risse in Decken und Wänden werden ebenfalls mit dem Malerspachtel vergipst.
- Für Feinspachtelarbeiten gibt es den Japan-Flächenspachtel.
- Wenn Sie große Flächen zu bemalen haben, sollten Sie die erforderliche Farbmenge in einen Eimer füllen. Sie können darin auch Ihre Mischungen anrühren. Plastikeimer eignen sich dafür am besten, weil sie leicht sind und sich gut reinigen lassen.
- Bemalen Sie hohe Wände oder gar Decken nie von Stühlen, Tischen und ähnlichen, leicht kippbaren Gegenständen aus. Basteln Sie sich lieber ein standfestes Arbeitsgerüst. Oder kaufen Sie sich eine ausziehbare Standleiter.

Tapezierkurs zum Mitmachen

Die besten Tips zum Tapezieren

Die sieben Sachen zum Tapezieren

- *Tapeziertisch:* Am einfachsten läßt sich mit einem Tapeziertisch von 2 m Länge und 60 cm Breite arbeiten, den Sie entweder kaufen oder selbst bauen können. Zur Not genügt auch ein Küchentisch oder eine ausgehängte Tür ohne Füllung, die Sie über zwei Blöcke legen.
- *Einstreichbürste:* Eine 15 bis 20 cm breite Streich- oder Deckenbürste, mit der der Leim auf die Tapete aufgetragen wird.
- *Tapezierbürste:* Sie wird zum Anreiben oder Glätten der Tapete an der Wand oder Decke verwendet.
- *Schere:* Sie benötigen eine 25 bis 30 cm lange Papierschere.
- *Senklot:* Es dient zum Anzeichnen senkrechter Linien an der Wand für das Anlegen der Tapetenkanten.
- *Kleistereimer:* Am besten eignet sich ein Eimer aus Plastik oder Email. Zum Ablegen der Streichbürste spannen Sie – wie bei dem Ölfarbenpinsel – eine Schnur oder einen Draht über den Eimer und legen sie darauf.
- *Nahtroller:* Ein Werkzeug aus Hartgummi oder Buchsbaumholz, das zwar nicht unbedingt erforderlich ist, Ihnen aber das Andrücken der Stoßkanten erleichtern kann. Nicht bei druckempfindlichen Tapeten verwenden.
- *Spachtel:* Zum Ablösen der alten Tapete brauchen Sie einen etwa 10 cm breiten Spachtel. Zum Ausbessern schadhafter Wände mit Gips oder ähnlichem Material benötigen Sie einen vielleicht 5 cm breiten Spachtel.
- Außerdem sollten Sie folgende Gegenstände bereitliegen haben: Sandpapier mit Schleifklotz, einen Kunststoffschwamm, einen Zollstock, einen Bleistift, ein scharfes Beschneidmesser sowie saubere Leinen- bzw. Baumwollappen.
- *Klebstoff:* Welche Art von Kleister Sie verwenden müssen, hängt vom Gewicht der Tapete ab. Lassen Sie sich von Ihrem Händler beraten. Die Faustregel lautet: Besser zu dicken als zu dünnen Kleister benutzen. Zellulose- oder Zellkleister gibt es als Pulver in verschieden großen Packungen zu kaufen. Sie rühren ihn in kaltem Wasser am besten bereits einen Tag vor dem Tapezieren an. Bei schweren Tapeten sollten Sie Spezialkleister verwenden. Es gibt ihn, ebenfalls in Pulverform, in verschiedenen Mengen. Auch mit Wasser anrühren.

- Normale Tapetenrollen sind 53 cm breit und 10 m lang, was etwa 5 qm entspricht. Rauhfaser-Tapeten gibt es in Rollen von 56 cm Breite und 33,5 m Länge. Wenn Sie die von Ihnen benötigte Menge ausmessen, rechnen Sie ruhig die Fenster und Türen mit. Sie haben so eine kleine Reserve, falls Sie sich mal verschneiden.

Nicht verspotten lassen

- Wenn Sie von Ihrer Familie oder Ihren Freunden und Bekannten ob Ihres neuen Hobbys verspottet werden, lassen Sie sich davon nicht beeindrucken. Zum einen sind Sie nicht allein – allein in Deutschland gibt es heute über eine Million Heimwerker. Zum anderen weisen Sie die Spötter auf die Beträge hin, die Sie bereits eingespart haben.

Auf den Untergrund kommt es an

- Testen Sie sodann die Tragfähigkeit des Untergrunds mit einem Klebestreifen. Das Band fest auf den Putz drücken und ruckartig abreißen. Wenn etwas auf der Klebeschicht hängenbleibt, muß der Putz gefestigt werden.
- Feste, aber leicht rauhe Untergründe können Sie mit Makulatur vorstreichen, die wie Tapetenkleister mit Wasser angerührt wird. Dafür Makulaturpulver mit der sechsfachen Menge Wasser vermengen. Sie können so die Wände einebnen und die Haftung verbessern. Größere Unebenheiten lassen sich aber so nicht beseitigen.
- Für hochwertige Tapeten können Sie den Untergrund auch spachteln. Die mit einem kleinen Spachtel angerührte Moltofill- oder Dispersions-Spachtelmasse auf eine breite Kelle geben und dann die Masse dünn auf die Wand aufziehen. Wenn Sie mit der Taschenlampe die Wand seitlich ableuchten, entdecken Sie selbst beim Arbeiten noch Unebenheiten, die ausgeglichen werden müssen. Als Regel gilt: Lieber zwei, drei dünne Schichten auftragen als eine dicke.
- Ebenfalls empfehlenswert ist ein Feuchtigkeits-Test: Tragen Sie mit einem Kopierstift einen Strich auf der Wand auf. Wenn er innerhalb einer Stunde nicht ausläuft, ist die Wand trocken. Andernfalls ist sie zu feucht und sollte vor dem Tape-

zieren behandelt werden. Den Strich abschleifen. Sonst gibt es Flecken.

- Risse im Putz mit Spachtelmasse ausfüllen. Zum Glätten reicht ein schmaler Stoßspachtel.
- Je teurer die Tapete ist, desto besser sollte der Untergrund sein. Ganz glatte Oberflächen erhalten Sie, wenn Sie vor dem Tapezieren Rollenmakulatur (Untertapeten) kleben. Am besten solche mit Kunststoffbeschichtung. Denn von diesem Untergrund können Sie bei einem späteren Tapetenwechsel die Bahnen trocken abziehen.
- Sie können dies aber auch erreichen, wenn Sie die vorbereiteten Wände zunächst mit Wechselgrund aus dem Farbengeschäft vorstreichen.
- Wenn Sie keine Untertapeten kleben wollen, die Wände aber den Klebeband-Test nicht bestanden haben, müssen Sie eine Tief- oder Sicherheitsgrundierung anbringen. Diese Grundierungen, die teilweise auch pilztötende Eigenschaften haben, dringen in den Putz ein und schaffen eine feste Oberfläche.

Alte Tapeten entfernen

- Die alten Tapeten sollten nach Möglichkeit entfernt werden. Sie ritzen dazu die Bahnen kreuz und quer mit der Spachtelkante ein. Dann tragen Sie Wasser mit dem Quast auf die Tapete auf. Noch schneller quillt der alte Kleister, wenn Sie dem Wasser etwas Tapetenablöser beifügen.

Dicke oder dünne Tapete

- Das Papiergewicht von Tapeten ist sehr verschieden. Dünne Tapeten sind billiger, dehnen und verziehen sich aber leicht, wenn sie vor dem Ankleben zu lange oder mit zuviel Kleister eingeweicht werden.
- Mit dickeren Tapeten lassen sich kleine Unebenheiten und Schäden an Wand und Decke besser kaschieren.

Zur Sicherheit

- Vergessen Sie nicht das Herausdrehen der Sicherungen, bevor Sie die Abdeckplatte von Schaltern und Steckdosen abschrauben.

- Bevor Sie die Klarsicht-Hüllen der Tapetenrollen aufreißen, kontrollieren Sie die Fertigungsnummern am Anfang jeder Rolle. Wenn sie nicht übereinstimmen, reklamieren Sie sofort beim Händler. Farbabweichungen können Sie überprüfen, indem Sie alle Rollen etwas abwickeln und fächerartig nebeneinander legen.

Auch der Kleister muß passen

- Kaufen Sie den Kleister unbedingt passend zur Tapete: normalen Kleister für leichte Tapeten, Spezialkleister für schwere. Angerührt wird am besten in einem Plastikeimer, der sich leicht wieder säubern läßt. Gebrauchsanweisung genau beachten.

Uni- oder Mustertapeten

- Schneiden Sie die Tapeten nach Raumhöhe oder Deckenbreite zu, und geben Sie jeweils 10 cm für den Beschnitt an beiden Enden zu. Achten Sie bei Mustertapeten auf den Rapport, der am Rollenanfang neben Pfeilen in cm angegeben ist. Sie erfahren dadurch, in welchen Abständen sich das Muster wiederholt. Beim Zuschnitt also streng aufs Muster achten.
- Bei Uni-Tapeten oder Rastermustern gibt es keinen Rapport. Sie sollten aber jede Bahn umgedreht, d.h., gegengleich verarbeiten. Dieses »Stürzen« gleicht Farbunterschiede zwischen dem linken und rechten Rand aus. Markieren Sie gleich beim Zuschnitt die entsprechenden Hinweise für Sie auf der Rückseite, aber nur mit Bleistift. Sonst gibt es Flecken.
- Alle Bahnen werden mit dem Muster nach unten auf den Boden oder die hintere Kante des Tapetentisches gelegt, den Sie sich übrigens auch in Fachgeschäften leihen können. Die dazugehörige Stahlschiene mit Reißzwecken an der Vorderkante des Tisches befestigen.

Und so wird tapeziert

- Kleistern Sie nun mit dem Quast erst die hintere Hälfte der Tapete gleichmäßig ein. Dann ziehen Sie die Bahn an die Vorderkante des Tisches, ehe Sie sie ganz bestreichen. So bleibt die darunterliegende Tapete sauber.

- Damit der Kleister die Papierschichten gut durchweichen kann, wird die Bahn in endlosen S-Schleifen zusammengelegt. Vermeiden Sie dabei scharfe Knicke. Dünne Tapeten fünf Minuten weichen lassen, dickere zehn. Nicht länger, sonst trocknet der Kleister.
- Das Bekleben der Decke beginnen Sie am besten an der Fensterseite. Weil die Wand eventuell uneben sein kann, empfiehlt es sich, mit dem Bleistift eine Hilfslinie an der Decke zu ziehen: Eine Bahnbreite minus 2 cm, damit die Tapete in jedem Fall noch bis auf die Wand reicht. Damit können Sie kleine Wellen im Wandputz ausgleichen, die zu weißen Stellen am Rand führen können.
- Tapeten kleben Sie am besten zu zweit. Während der eine die Bahn an die Wand oder Decke setzt, mit 2 cm Überstand, hält der andere mit einem breiten Besen die Tapete hoch. Die erste Bahn wird genau nach der Linie geklebt und mit einer weichen Bürste angedrückt: von der Mitte aus zu beiden Seiten hin. Die nächsten Bahnen auf Stoß kleben, nicht überlappend.
- Auch beim Tapezieren der Wände sollten Sie nicht auf eine Hilfslinie verzichten. Ziehen Sie sie mit einem Lot, damit Sie wirklich senkrecht kleben. Wichtig: Die Tapete muß 2 cm um die Ecke reichen.
- Die zusammengelegte Bahn am obersten Rand fassen, so daß sie sich von selbst auffaltet. Genau neben die Hilfslinie halten und dann von oben nach unten mit der Bürste andrücken. Zuerst in der Mitte, dann zu den Seiten hin. So gibt es keine Luftblasen.
- An den Fußleisten und am Deckenanschluß eine Scherenspitze leicht über die Tapete ziehen. Sie markieren so den Rand vor, der abgeschnitten wird. Dazu die Bahn leicht lösen und nach dem Beschneiden wieder fest an die Wand drücken.
- Die zweite Bahn jeweils stumpf daneben kleben, also auf Stoß und ohne Überlappung. Den Stoß mit einem konischen Nahtroller andrücken. Wenn Sie aber auf Naht kleben, d.h. 2 bis 3 mm überlappend, müssen Sie das Tapezieren unbedingt beim Fenster beginnen, damit die Nähte keine Schatten werfen.

- Die letzte Bahn vor der Ecke so zuschneiden, daß sie 2 bis 3 cm um die Ecke reicht. Den abgeschnittenen Streifen können Sie dann wieder ansetzen. Eine ganze Bahn um die Ecke zu tapezieren gelingt meistens nicht. Deshalb sollten Sie es lieber gar nicht erst versuchen.
- Bereits eingekleisterte Tapete auf dem Tapetentisch schneiden. Dazu die aufgefaltete Bahn mit der Rückenseite nach oben auf den Tisch legen, so daß die Stahlkante genau unter der Schnittkante liegt. Das Papier mit dem Messer durchtrennen.
- Waschfeste Tapeten, und dazu gehören alle, die mit Dispersionsfarben gestrichen wurden, müssen an der Oberfläche »geöffnet« werden, damit sie Wasser aufsaugen können. Entweder schleifen Sie die Flächen mit Schleifpapier auf. Oder aber Sie leihen sich im Tapetenfachgeschäft eine Stachelwalze, mit der Sie die Tapete perforieren.
- Was sich nach dem Einweichen nicht abziehen läßt, muß mit der Drahtbürste abgescheuert oder mit dem Spachtel abgestoßen werden.
- Anaglypta-, Velours- und Interior-Tufting-Tapeten nicht mit einer Bürste, sondern einem Gummiroller andrücken.
- Im Gegensatz zu den Fußleisten, bei denen die Tapeten genau geschnitten werden, tapeziert man bei Türrahmen 1 cm auf die Bekleidung.
- Bei Rohren und Leitungen, die direkt auf der Wand liegen, verfahren Sie so: Zunächst einen kleinen schmalen Streifen direkt um das Rohr herum kleben, erst dann die übrige Tapete bis an die Rundung heranführen.

Ecken, Schrägen und Nischen

- Außenecken, etwa bei einer Fensterlaibung, in zwei Stücken kleben. Bringen Sie zunächst eine Bahn an, die Sie 2 cm um die Ecke herumkleben. Dann setzen Sie die nächste Bahn an. Wenn Sie mit beschichteten Tapeten arbeiten, empfiehlt es sich, die Nähte mit Ovalit-Kleber aus der Tube zu sichern.
- Bei Absätzen und Schrägen in der Wand ebenfalls in mehreren Abschnitten tapezieren. Die unteren Bahnen reichen 2 bis 3 cm um den Knick in der Wand herum.

- Bei Heizkörpernischen werden zunächst die Flächen hinter den Heizkörpern tapeziert. Kleine zugeschnittene Tapetenstücke benutzen und mit einer Rolle andrücken. Auch hier nicht vergessen, 2 bis 3 cm auf die Wand übergehen. Erst danach kleben Sie die Seitenteile der Nische mit Tapeten aus.

Tapeten, Tapeten ...

- Die am häufigsten verwendeten Tapeten sind *Maschinendrucktapeten.* Bei den billigeren, sogenannten Naturelltapeten wird das Muster unmittelbar auf das Rohpapier aufgedruckt. Die besseren und teueren Fondtapeten werden vor dem Musterdruck mit einer farbigen Grundierung versehen. Der Vorteil: Das Papier kann nicht mehr vergilben.
- *Rauhfasertapeten* haben ihren Namen von der körnig-rauhen Oberfläche, die feiner und gröber sein kann. Diese Tapeten werden nach dem Tapezieren oft noch mit Dispersions- oder Binderfarben gestrichen, sind aber auch in bereits weiß grundierter Ausführung zu haben. Mit der Rauhfasertapete lassen sich kleine Unebenheiten der Wand gut kaschieren. Sie können beliebig oft überstrichen werden.
- *Abwaschbare Tapeten* sind mit besonders hochwertigen Farben bedruckt und mit einer durchsichtigen, wasserfesten Kunstharzlackschicht versehen. Sie eignen sich insbesondere für Küchen, Kinderzimmer, Badezimmer und Flure. Manche der Tapeten können sogar mit einem feinen Waschmittel gereinigt werden, andere mit warmem Seifenwasser. Es gibt Lacktapeten mit Spiegelglanz und Metalltapeten u.a.m.
- *Plastiktapeten* bestehen aus Papier, das mit PVC veredelt wurde. Es gibt sie mit strukturierter und glatter Oberfläche. Sie sind sehr fest und reißen auch bei der Verarbeitung nicht. Da sie außerdem wasserdicht und unempfindlich gegen Dampf sind, können Sie sie mühelos mit einer weichen Bürste und warmem Seifenwasser reinigen. Das Auftreten von Schimmel hinter den luftundurchlässigen Plastiktapeten können Sie vermeiden, wenn Sie einen Spezialkleber mit Fungizidbeimischung verwenden. Den gleichen Zweck erfüllt auch dicker Tapetenkleister mit einem Zusatz von Karbolineum.
- Selbstklebende *Plastikfolien* gibt es in unzähligen Muster-

und Farbkombinationen. Sie sind ebenfalls abwaschbar. Sie sollten nur auf ebenem und glattem Untergrund verwendet werden. Die Papierschutzschicht auf der Rückseite der Tapete wird erst an der Wand, unmittelbar vor dem Andrücken, abgezogen.

- *Anaglypta* nennt sich ein aus Baumwollfasern hergestellter, stark geprägter gipsfarbener Wandbelag. Er besitzt große Festigkeit und eignet sich deshalb gut zum Tapezieren von Dekken und Wänden, die große Sprünge aufweisen.
- *Textiltapeten* weisen auf ihrer Vorderseite Stoff auf. Sie müssen in der Regel wegen ihres höheren Gewichts mit Dispersionskleber anstelle des üblichen Kleisters festgeklebt werden. Leichte Leinen- und Seidentapeten können jedoch wie normale Tapeten verarbeitet werden.
- *Rupfen* ist ein Jutegewebe in Leinenbildung. Die Spezialtapete gibt es in vielen Farben. Die Verarbeitung fällt leichter, wenn die Rückseite mit Papier bezogen ist. Sie können die Wände aber auch mit gewöhnlichem Rupfen beziehen, wie ihn die Polsterer verwenden.
- *Grastapeten* kommen fast nahezu alle aus Fernost und sind deswegen teurer. Sie bestehen aus Naturmaterialien. Die Gräser haben ihre natürliche Farbe oder sind eingefärbt und auf Papier kaschiert. Es gibt auch Strohtapeten.
- *Holzfurniertapeten* bestehen aus Schälfurnieren, die auf festes Spezialpapier aufgeklebt sind. Auch wenn sie nicht gerade billig sind, so sind sie doch erheblich preiswerter als eine entsprechende Sperrholztäfelung.
- *Untertapeten* können helfen, Heizungskosten zu sparen. Für Heizungsnischen gibt es die alu-kaschierte Thermopete, die die Wärme des Heizkörpers zurückstrahlt. Eine Noppen-Untertapete wirkt isolierend und überbrückt auch Risse. Die extraharte Thermopete ist ein mit Karton beschichteter Hartschaum.
- Ein besonderer Gag ist es, wenn Sie eine Wandfläche mit *Alu-Folie* tapezieren. Sie wird zwar nur selten so glatt wie ein Spiegel, kann aber glänzende Wandverkleidungs-Effekte setzen.

Lange Leitung – kurzer Draht

Die besten Tips für Installationen

Bevor Sie beginnen, sollten Sie die ersten 12 Tips sehr genau lesen

- Bei elektrischen Installationsarbeiten sollten Sie grundsätzlich einen Fachmann hinzuziehen, weil die VDE-Bestimmungen, die zum Schutze Ihres Lebens erlassen wurden, nur dann wirklich eingehalten werden können.
- Lassen Sie bei Renovierungsarbeiten im Haus vom Fachmann überprüfen, ob die vorhandenen Elektroanschlüsse entsprechend einzeln abgesichert sind.
- Lassen Sie feststellen, ob die vorhandenen Leitungen für die benötigten Kilowatt ausreichen, ob die Leitungen über einen besonderen Schutzleiter verfügen und ob sich die unter Putz verlegten Rohre mit neuen Leitungen versehen lassen.
- Weitere Fragen sind:

– Müssen Wohnungszuleitung bzw. Hausanschluß verstärkt werden?

– Reichen die vorhandenen Steckdosen aus (als Regel gilt die halbe Quadratmeterzahl)?

- Bei vorhandener Gasinstallation sollten Sie bedenken, daß Gas in erster Linie zum Heizen da ist, zum Kochen erst an letzter. Eine Erneuerung der Gasleitungen zum Zwecke des Kochens ist deshalb sinnlos.
- Auch bei Installationsarbeiten des Wassersystems lohnt sich das Hinzuziehen eines Fachmannes in den meisten Fällen. Sie sollten nur einfache Reparaturen selbst ausführen.
- Sie können aber die Qualität Ihres Wassers selbst verbessern. Wenn es mehr als 0,2 mg Eisenoxid pro Liter enthält, sollte ein Wasserenteisungsgerät eingebaut werden. Wenn es härter als 21° dH ist, ein Wasserenthärtungsgerät. Die Qualität des Wassers lassen Sie vom Fachgeschäft überprüfen.
- Der Wasserdruck ist ausreichend, wenn eine durchschnittlich große Badewanne in mindestens zehn Minuten mit kaltem Wasser volläuft.
- Ansonsten müssen zusätzliche Steigeleitungen verlegt, verkalkte Rohre durch neue ersetzt oder Druckerhöhungsanlagen eingebaut werden.
- Holen Sie sich grundsätzlich Kostenvoranschläge ein, bevor Sie Installationsarbeiten vom Fachmann ausführen lassen.

Vom Umgang mit Rohren

- Da für die Bearbeitung von Rohren eine nicht gerade billige Ausrüstung erforderlich ist, sollten Sie die Gewinde und Rohre vom Installateur auf die erforderlichen Längen zuschneiden lassen.
- Wenn Sie Rohre mit »Fittings« – so werden die Verbindungsstücke verschiedener Formen genannt – verschrauben wollen, brauchen Sie zwei Rohrzangen.
- Vor dem Aufschrauben eines Verbindungsstücks auf ein Rohrgewinde einige Hanffäden breit, gleichmäßig und fest um das Rohrgewinde wickeln und mit Dichtungskitt bestreichen. Dann das Verbindungsstück zuerst mit der Hand und dann mit der Rohrzange aufdrehen. Vorsicht: Keine Gewaltanwendung. Das Rohrschraubengewinde ist konisch und kann das Fitting leicht auseinandertreiben.
- Heizungsrohre sollten mit einer Plastikummantelung isoliert werden, wenn Sie keine Wärme abgeben sollen.
- Über Art und Durchmesser der benötigten Rohre und die entsprechenden Fittings informieren Sie sich bitte beim Fachmann.

Verstopfte Rohre

- Die häufigste Ursache bei verstopften Becken-Abflüssen sind störende Schmutzteile – Haare, Fasern, Seifen- und Speisenreste – die sich unmittelbar hinter dem Abdecksieb der Abflußöffnung abgesetzt haben. Nehmen Sie das Sieb heraus – es ist zumeist festgeschraubt –, oder angeln Sie den Schmutz mit einem hakenförmig gebogenen Ende eines Drahtes heraus.
- Die Verstopfung kann auch tiefer liegen, nämlich im Siphon. So werden die Geruchsverschlüsse genannt, die das Eindringen übelriechender Kanalgase verhindern. Sie bestehen in der Regel aus einem U-förmig gebogenen Rohrteil, das mit »Sperrwasser« gefüllt ist und die Zulaufseite von der Ablaufseite trennt.
- Solche Verstopfungen lassen sich zumeist mit einem sogenannten Ausgußreiniger beseitigen – einer halbkugelförmigen Gummiglocke an einem Holzstiel. Die Gummiglocke

über die Abflußöffnung des Wasch- oder Ausgußbeckens setzen und den Holzstiel kurz und kräftig auf- und abbewegen. Dadurch entstehen wechselnde Saug- und Druckstöße im Abflußrohr, die die verstopfenden Schmutzteile lösen.

- Wenn auch diese Methode versagt, müssen Sie die Reinigungsschraube lösen, die am untersten Punkt des Siphons liegt. Vorsicht: Keine Gewalt anwenden. Wenn sich die Schraube nicht gleich lösen läßt, mit einem handelsüblichen Sprührostlösemittel vorbehandeln. Vergessen Sie nicht, einen Eimer unterzustellen, ehe Sie die untere Gehäusehälfte abnehmen.
  Durch die jetzt vorhandene Reinigungsöffnung können Sie den Schmutz mit einem stabilen Draht lockern und herauskratzen. Danach das Gewinde mit ein paar Wergfäden umwickeln und etwas Dichtungskitt aufstreichen, ehe Sie die Schraube wieder anziehen. Sie erhalten so eine perfekte Dichtung.
- Wenn Sie sich die Mühe ersparen wollen, kleinere, immer wieder vorkommende Verstopfungen so zu beseitigen, können Sie es auch mit chemischen Mitteln wie Salzen versuchen. Diese Chemikalien lösen vor allem Seifen- und Speisenreste im Siphon auf. Sie können die chemischen Mittel auch von Zeit zu Zeit vorbeugend einsetzen und so möglichen hartnäkkigeren Verstopfungen vorbeugen.
- Wenn die Verstopfung irgendwo im Rohrnetz des Abflußsystems liegt, müssen Sie zunächst die Stelle lokalisieren, an der sich der Schmutz festgesetzt hat. Besonders gefährdet sind dabei alle Rohrbiegungen und -krümmungen. Man hat deshalb vorbeugend an günstig gelegenen Stellen der Rohrleitungen besondere Rohrstücke mit Reinigungsdeckeln eingebaut. Von diesen Öffnungen aus können Sie mit einem steifen Draht nach dem verstopfenden Material angeln.
- Wenn auch das erfolglos bleibt, müssen Sie sich gegen eine Gebühr beim Installateur eine Reinigungsspirale ausleihen. Mit diesem praktischen Werkzeug können Sie mühelos durch die Rohrwindungen fahren. Vorsicht beim Einführen in Porzellanteile wie etwa in eine Klosettschüssel. Die Spirale kann sonst das Prozellan beschädigen.

Rohrbrüche

- Wenn ein Rohrbruch in der Hauszuleitung eintritt, benachrichtigen Sie sofort das Wasserwerk. Man wird Ihnen sofort Handwerker schicken. Als Hauszuleitung werden alle Rohre bezeichnet, die vor der Wasseruhr liegen.
- Bei einem Rohrbruch in Ihrem Hausbereich, also nach der Wasseruhr, schließen Sie schnellstens das Absperrventil, das an dem betreffenden Rohr in Richtung Wasseruhr als nächstes zu finden ist.
- Es empfiehlt sich, daß Sie sich einmal den Aufbau der Installation Ihres Hauses ansehen, damit Sie im Notfall Zeit einsparen. Es gibt nämlich neben den Absperrventilen am Beginn einer Steigleitung auch Zwischenabsperrventile in den von Steigleitungen abgehenden Abzweigleitungen.
- Notfalls schließen Sie das Hauptventil bei der Wasseruhr.

- Die Reparatur von geplatzten Wasserrohren sollten Sie einem Fachmann überlassen, wenn Sie nicht bereits genügend Übung in solchen Reparaturen haben.

Wenn der Wasserhahn tropft

- Bei tropfenden Wasserhähnen liegen Dichtungsscheibe und Ventilsitz nicht richtig aufeinander. Das kann verschiedene Ursachen haben.
- Wenn die Dichtungsscheibe alt ist, hart geworden oder beschädigt ist, können Sie den Schaden selbst beheben.
- Wenn der obere Rand des ringförmigen Ventilsitzes zerfressen ist oder sich dort kleine Kalk- oder Schmutzteilchen festgesetzt haben, muß ihn der Installateur entweder austauschen oder mit einem kleinen Handfräsgerät nachfräsen.
- Der Zustand des Ventilsitzes läßt sich entweder mit der Fingerspitze überprüfen oder mittels einer Taschenlampe von oben erkennen.
- Bevor Sie den tropfenden Wasserhahn auseinandernehmen, nicht vergessen, die Wasserzufuhr des betreffenden Leitungsstranges am Absperrhahn abzudrehen.
- Einen Wasserhahn können Sie wie folgt auseinandernehmen: Lösen Sie die Spindelmutter mit einem passenden Schraubenschlüssel in ihrem Sechskant. Viele Standhähne haben über dem oberen Spindelteil noch eine Zierkappe. Hier zunächst den Sterngriff mit einem leichten Ruck abziehen. Danach müssen Sie noch die Zierkappe abschrauben, ehe Sie an die Spindelmutter herankommen.
- Um die Dichtungsscheibe auswechseln zu können, müssen Sie nur die kleine Schraube oder Mutter lösen, mit der sie befestigt ist. Dichtungsscheiben gibt es in allen passenden Größen in Installationsgeschäften.
- Den reparierten Wasserhahn in umgekehrter Reihenfolge zusammensetzen.

WC-Spülung

- Es gibt zwei Arten der Spülung: Bei der Druckspülung fließt das Wasser direkt aus der Leitung, während es bei der Spülkastenmethode aus einem Wasserspeicher kommt.

- Bei der Druckspülung ist die häufigste Schadensursache, daß sich der Spülhebel nicht mehr zurückstellt. Rufen Sie den Installateur.
- Sie können einem solchen Schaden aber vorbeugen, indem Sie den Spülhebel nicht mit Gewalt nach oben schieben, bevor er sich von allein hochzieht. Durch die so geäußerte Ungeduld kann die Abstellautomatik beeinträchtigt werden.
- Bei der Spülkasten-WC-Spülung kann es zwar häufiger zu Pannen kommen, Sie können aber in den meisten Fällen auch selbst für Abhilfe sorgen.
- Wenn das Wasser nicht mehr zu fließen aufhört, kann es daran liegen, daß die Kette zu stark gezogen wurde und die Glocke (sie regelt den Wasserzu- und -abfluß) aus ihrer Führung gesprungen ist. Die Glocke einfach wieder gerade einsetzen.
- Wenn trotz des richtig sitzenden Schwimmers (Glocke) laufend Wasser nachfließt, kann auch die Dichtungsscheibe im Zulaufventil unbrauchbar geworden sein. Kaufen Sie eine Ersatzscheibe und setzen Sie diese ein. Nicht vergessen, vorher den Wasserzufluß abzudrehen.
- In Regionen mit stark kalkhaltigem Wasser kann die Zulaufsperre auch durch eine Kalkablagerung blockiert werden. Entfernen Sie den Kalk, etwa indem Sie ihn vorsichtig abkratzen oder mit einem handelsüblichen Auflösungsmittel behandeln.

Zentralheizung

- Wenn Sie selbst Heizkörper anbringen, nur unter Fenstern und nie an Fenstern gegenüberliegenden Wänden. Denn in diesem Fall sinkt die durch das Fenster eindringende Kaltluft nach unten und fließt gemeinsam mit der inzwischen abgekühlten warmen Luft über den Fußboden zum Heizkörper hin. Ständige Zugluft und eine unzureichende Heizung sind die Folge.
- Ein vor dem Fenster angebrachter Heizkörper dagegen bildet vor diesem einen Wärmeschleier, bei dem sich die eindringende Kaltluft sofort leicht erwärmt. Es kommt nicht zur Entwicklung von Zugluft.

- Wasserbehälter an oder über den Heizkörpern sind nahezu wirkungslos. Es sei denn, Sie bringen dadurch pro Tag und Raum mindestens 10 Liter Wasser zum Verdampfen. Nur dann erhöht sich die Raumfeuchtigkeit spürbar.
- Wenn ein Heizkörper nicht ausreichend warm wird, obwohl die Anlage läuft, befindet sich in ihm Luft, die eine Zirkulation des Wassers behindert. Mit einem kleinen, speziellen zum Ventil passenden Steckschlüssel öffnen Sie das an einer Seite des Heizkörpers angebrachte Entlüftungsventil. Zunächst wird nur Luft austreten, dann einige Wasserspritzer, die Sie in einem Plastikgefäß auffangen. Erst, wenn ein gleichmäßiger Wasserstrahl austritt, das Ventil wieder schließen.
- Wenn die Heizung »rauscht«, also ein ständiges Geräusch zu hören ist, müssen Sie alle Heizkörper entlüften. Und zwar vom Erdgeschoß nach oben.
- Übrigens: Ein Anstrich Ihrer Heizkörper mit Farben oder Lacken hat keinerlei wärmehemmende Wirkung.

Winterschutz

- Bei Wasserleitungen im Freien achten Sie darauf, daß diese bereits vor der Frostperiode abgesperrt und entleert sind. Ablaß- und Zapfhähne offen lassen.
- Wenn wirklich einmal eine Leitung eingefroren ist, sollten Sie heiße Sandsäcke oder Tücher auf die Rohre legen. Damit beim Zapfhahn beginnen. Wenn die Rohre aber unter dem Putz verlegt sind, rufen Sie möglichst rasch einen Fachmann. Denn nicht immer platzen die Wasserleitungen bereits beim ersten Einfrieren.

Fragen Sie Ihre Frau

- Wenn Sie sich mal unsicher sind, wie Sie eine Arbeit anfangen oder weiterführen sollen, fragen Sie Ihre Frau. Frauen sind normalerweise ungeheuer praktisch veranlagte Geschöpfe. Und vielleicht gehört gerade Ihre Frau dazu. Zumindest aber werden Sie so etwas zu Ihrem häuslichen Frieden beitragen, der durch manche Heimwerkerarbeiten, etwa bei geräuschvollen, schon mal gestört werden kann.

Ein Blick durchs Fenster

Die besten Tips für Fenster

Fenster erneuern

- Wenn Sie Fenster erneuern müssen, haben Sie die einmalige Gelegenheit, gleichzeitig damit auch Vorsorgemaßnahmen gegen Lärm und Wärmeverlust zu treffen.
- Treffen Sie also die Wahl Ihres neues Fensters (ob Einfach-, Isolierglas, Einfach- oder Doppelfenster) nach den Kriterien, ob sie auf der Wetter- bzw. Lärmseite liegen.
- Fenster aus den Gründerjahren sind zumeist erstklassig verarbeitet und enthalten ausgesuchtes Holz. Sie sollten sie in jedem Fall reparieren.
- Fenster aus den 50iger Jahren sind zumeist so mangelhaft gearbeitet, daß nur noch ein Austausch in Frage kommt.
- Es gibt heute für fast jede Fensteröffnung passende Fensterrahmen und Verglasungen, die teilweise auch ohne Stemm- oder Maurerarbeiten in die vorhandenen Holzzargen eingesetzt werden können.
- Die preisgünstigsten Fenster sind sogenannte Normfenster.
- Wer sich den Stil seines Hauses bewahren möchte, kann sich Sprossenverglasungen und Rundbögen auch einzeln anfertigen lassen – gleichgültig, ob aus Holz, Kunststoff oder Metall.

Das Einsetzen von Fensterrahmen

- Wenn Sie neue Fensteröffnungen aus dem Mauerwerk herausbrechen oder bereits vorhandene vergrößern wollen, sollten Sie einen Baufachmann hinzuziehen. Wenn Sie aber nur Ihre altmodischen oder verrotteten Fenster durch neue ersetzen wollen, so können Sie dies mit einigem Geschick selbst tun.
- Zunächst die Maße des Rahmens abnehmen und den oder die neuen Rahmen besorgen. Metallrahmen sind teurer als Holzrahmen.
- Zum Ausbau des alten Rahmens die beweglichen Fensterflügel aushängen, fest eingesetzte Glasscheiben entfernen und möglicherweise vorhandene Abdeckleisten abnehmen. Das Fensterbrett abmontieren und alle Befestigungen zwischen Fensterstock und Mauer durchsägen.
- Die alten Dübel oder Anschraubleisten aus der Mauer entfernen und für jede Rahmenseite zwei neue Dübel einsetzen.

Danach den Rahmen so in die Öffnung stellen, daß auf allen Seiten zwischen ihm und der Öffnung etwa 5 mm Abstand sind. Je nach der Lage der Dübel im Rahmen die Bohrlöcher im Rahmen anreißen und anschließend ausbohren. Danach den neuen Rahmen mit Hilfe von kleinen Holzstöckchen in einem Mörtelbett ausrichten und mit verzinkten Befestigungsschrauben festschrauben. Abschließend wird die Mörtelfuge mit einer Dichtungsmasse verstrichen.

- Beim Anschrauben von Metallfensterrahmen die Schrauben nicht zu fest anziehen, weil sich sonst der Rahmen verzieht.
- Metallrahmen können entweder direkt im Mauerwerk oder in einer Holzeinfassung befestigt werden. Beim Mauerwerk muß der Rahmen ringsum mindestens 2,5 mm Spielraum haben, bei einer Holzeinfassung mindestens 1,5 mm. Befestigt werden die Metallrahmen mit rostfreien Senkkopfschrauben und Kunststoffdübeln.

Fensterscheiben ersetzen

- Zunächst den alten Kitt mit einem Stemmeisen oder einem Glasermesser entfernen. Dabei in Holzfaserrichtung arbeiten.
- Die Glasreste mit dem Stemmeisen entweder herausdrücken oder -klopfen. Glaserstifte oder Blechecken entfernen. Das alte Kittbett, in dem das Glas festsaß, ebenfalls herausarbeiten. Das nackte Holz danach mit einer Bleiweißgrundierung versehen.
- Zum Ausmessen der neuen Scheibe: Sie sollte auf jeder Seite etwa 2 mm kleiner als der Rahmenfalz sein.
- Den neuen Kitt mit Daumen und Zeigefinger oder Spachtel in den Falz drücken und die Ränder der Glasscheibe fest in die Kittbettung pressen. Das Glas nicht in der Mitte drücken, weil es da leicht zerbrechen kann.
- Zur Befestigung der Scheibe in Abständen von etwa 30 cm dicht am Glas 20 mm lange Glaserstifte mit der Kante eines breiten Stemmeisens in den Falz schlagen. Danach den Falz wieder mit Kitt ausfüllen.
- Bei Metallrahmen benützen Sie anstatt eines gewöhnlichen Glaserkitts Spezialkitt für Metallfensterrahmen. Und anstatt

der Glaserstifte werden hier Fensterrahmenklammern verwendet.

- Den Kitt mit einem Spachtel oder Kittmesser fest und gleichmäßig zu einer sauberen Schrägung verstreichen. Den überschüssigen Kitt außen an der Glasscheibe wegschneiden.
- Damit die Farbe beim Trocknen keine Risse bekommt, sollten Sie mit dem Anstreichen des frisch verglasten Fensters mindestens zwei Wochen warten. Zum vollständigen Erhärten braucht Glaserkitt mehrere Monate.
- Wenn Sie Kitt übrig haben, in einer dicht schließenden Dose unter einer Wasserabdeckung aufbewahren. Er bleibt so frisch.
- Hart gewordenen Kitt können Sie mit etwas Leinöl und geduldigem Kneten wieder weich machen.
- Wenn Sie Fensterscheiben in Metallrahmen ersetzen müssen, sollten Sie nach dem Entfernen der kaputten Scheibe und des Kitts den Stahlrahmen auch gleich entrosten und das blanke Metall mit einem Rostschutzmittel behandeln. Bei dieser Gelegenheit können Sie übrigens auch gleich eventuelle Schäden am Rahmen beheben.

Klare Fensterscheiben

- Wenn Sie an einem schönen Sonnentag feststellen, daß Ihr Zimmer nicht so hell ist, wie es eigentlich sein sollte, putzen Sie mal Ihr Fenster. Unter Umständen kann das Wunder wirken.

Fensterflügel klemmen

- Zu dicke Farb- oder Lackschichten können die Fensterflügel in den Falzen klemmen lassen. Die alte Farbe abbeizen, neu grundieren und anstreichen.
- Wenn sich die Fensterflügel senken, ist zumeist Feuchtigkeit die Ursache, die an den Verbindungsstellen in den Rahmen eingedrungen ist und sie gelockert hat. Die Flügel aushängen, die Eckverbindungen auseinandernehmen, gründlich trocknen lassen, mit wasserfestem Leim neu verleimen und bis zum Abbinden genau rechtwinklig einspannen.

- Für das Klemmen von Fensterflügeln können aber auch gelockerte Fensterbänder die Ursache sein. Einfach die Befestigungsschrauben der Bänder neu anziehen.
- Wenn das nicht zum gewünschten Erfolg führt, ein Stück Kohlepapier in den Falz des klemmenden Flügels schieben. Sie sehen dann am Abdruck genau, wo die fehlerhafte Stelle liegt. Dort den Anstrich entfernen und soviel Holz mit einem Falzhobel abnehmen, daß sich der Flügel mit etwa 1 mm Spiel leicht schließen läßt. Danach die abgehobelte Fläche neu streichen.

Undichte Fenster

- Wenn die Kittstellen an den Fensterflügeln undicht sind oder Fensterstock und Mauerwerk nicht ganz dicht schließen, können Feuchtigkeit und Regen eindringen. Dichten Sie die Fugen ab.
- Vor dem Abdichten altes Dichtungsmaterial, losen Mörtel und Staub sorgfältig entfernen. Eventuell beschädigte Holzteile reparieren oder ersetzen, freiliegendes und gesundes Holz bei dieser Gelegenheit gleich mit einem flüssigen Holzschutzmittel behandeln.
- Die Dichtungsmasse muß mit einer Spezialspritzpistole oder aus der Tube in die Fuge gepreßt werden, auf beiden Seiten gut haften und an den Fugenrändern sauber verstrichen werden.
- Wenn Wasser an den Scheibenrändern eindringt, die Fensterscheiben herausnehmen und neu einkitten. Nicht vergessen, gleichzeitig den inneren Rahmen auf mögliche Holzschäden zu untersuchen.

Reparaturen an Fensterrahmen

Metallrahmen

- Die häufigste Schadensursache ist Rost. Den Anstrich sorgfältig vom Rahmen abkratzen, bis die ganze Roststelle freigelegt ist. Als Regel gilt: Lieber zuviel freilegen als zuwenig. Den lockeren Rost mit Kratzer und Drahtbürste bis aufs blanke Metall entfernen und die ganze Stelle mit Rostumwandler behandeln. Danach können Sie den Rahmen neu anstreichen.

- Alle beweglichen Teile des Fensters, insbesondere die drehenden, sollten gelegentlich einen Tropfen Öl erhalten.
- Wenn sich der Metallrahmen verbogen oder verzogen hat, das Glas entfernen und feststellen, wo der Rahmen klemmt. An dieser Stelle schieben Sie dann einen Keil zwischen Flügel und Blendrahmen. Wenn Sie jetzt das Fenster zudrücken, wird der Keil durch den Gegendruck die Stelle ausgleichen, an der sich der Rahmen verzogen hat.

Holzrahmen

- Die häufigste Schadensursache ist die sogenannte Naßfäule, die durch den Befall von Pilzen entsteht. Es empfiehlt sich, den Rahmen durch einen neuen zu ersetzen.
- Insbesondere Holzrahmen müssen jederzeit einwandfrei angestrichen sein, wenn sie gegen Feuchtigkeit und Nässe geschützt werden sollen.
- Vorsicht: Die Abtropfrinne unter den Wasserschenkeln der Fensterflügel und unter der äußeren Fensterbank dürfen ebensowenig wie die Wasserrinnen in den Rahmenhölzern (sie verhindern das Aufsteigen der Nässe) durch wiederholte Farbanstriche verklebt werden.
- Durch das Schwinden des Holzes können zwischen Mauerwerk und Fensterstock undichte Stellen entstehen. Mit dauerelastischer Abdichtmasse oder Abdichtbändern auf Kunststoffbasis schließen.

Fensterrahmen streichen

- Vor jedem Anstrich sollte ein Schutzanstrich mit Grundieröl aufgetragen werden. Ausnahme: Bei tropischen Laubhölzern sind ölhaltige Grundiermittel nicht angebracht.
- Soll das Holz sichtbar bleiben, zunächst farblosen Lack auftragen. Erst nach dem Trocknen eventuelle Risse und Vertiefungen mit Holzkitt in der Farbe des Holzes verspachteln.
- Danach noch zwei weitere Lackschichten auftragen.
- Jeweils nach dem Trocknen die Anstriche mit feinem Schleifpapier anschleifen. Den letzten nicht mehr schleifen.
- Am witterungsbeständigsten und am besten zu reinigen ist der hochglänzende Lack.

- Wenn Sie anstelle von Lack Farbe verwenden wollen, verfahren Sie genauso. Nach dem ersten Zwischenanstrich mit einer guten Grundfarbe Risse und Unebenheiten mit Spachtelmasse verspachteln, die sich auch für außen eignet. Auch den zweiten Zwischenanstrich anschleifen. Für den Schlußanstrich unverdünnten Lack verwenden.
- Die Falze der Fensterflügel mit Mattlack bestreichen, damit sie nicht zusammenkleben können.
- Vor jedem Anstrich spröden, rissigen oder lose gewordenen Fensterkitt vollständig aus- und abkratzen und nach der Grundierung des Holzes die Fenster neu verkitten.
- Gut erhaltene Anstriche können überstrichen werden. Sie sollten aber sorgfältig mit Anlös- oder Anrauhmitteln gereinigt werden, da die meisten Fensterputzmittel silikonhaltig sind. Und Silikon ist schmutzabweisend und stößt deshalb auch einen neuen Anstrich ab.

Fensterläden, Jalousien, Rouleaus und Rolläden

- Wenn Sie an den Fenstern Reparatur- oder Renovierungsarbeiten auszuführen haben, sollten Sie auch gleichzeitig die Fensterläden oder Rolläden renovieren.
- Fensterläden sollten aus einem harzreichen und gegen Feuchtigkeit möglichst unempfindlichen Holz sein, bei einheimischen Hölzern zum Beispiel aus Kiefer. Der Anstrich muß immer einwandfrei sein. Abgescheuerte oder abgeblätterte Farbe sollte möglichst umgehend erneuert werden. Alle Stahlteile sind gegen Rost zu schützen.
- Bei Jalousetten müssen klemmende Rollen gesäubert und mit einem Tropfen Öl versehen werden. Zerrissene Schnüre oder Bänder sind durch neue zu ersetzen.
- Bei Rouleaus, auch oft Rollos genannt, können verbogene Halterungen die Funktion beeinträchtigen. Sie müssen wieder gerade gerichtet werden. Alte Stoffbahnen können durch neue ersetzt werden. Die neue Bahn entweder mit kleinen Flachkopfnägeln oder mit Kontaktkleber an der Holzrolle befestigen. Vorsicht: Nie den Federmechanismus ölen, weil der Sperrmechanismus dadurch verklemmen kann.
- Bei Rolläden gibt es hauptsächlich zwei Fehlerquellen: schad-

hafte Gurte und zerbrochene Rolladenstäbe. Rolladengurte scheuern leicht an den Austrittsstellen des Kastens und des Federgehäuses durch. Sie können dem etwas vorbeugen, wenn Sie den Gurt möglichst nicht schräg nach der Seite aus den Schlitzen ziehen, so daß er sich nicht an den scharfen Kanten aufreiben kann.

- Wenn Sie einen schadhaften Gurt erneuern müssen, sollten Sie dies selbst versuchen. Sie können sich damit viel Geld ersparen.
- Entfernen Sie die Abdeckplatte des Rolladenkastens, die zumeist an der Deckenseite oberhalb des Fensters innen festgeschraubt ist. Nehmen Sie dann das normalerweise mit zwei Schrauben befestigte Federgehäuse aus der Wand. Für die Reparatur muß der Rolladen übrigens ganz aufgerollt, d. h. geöffnet sein. Falls das mit dem Gurt nicht mehr möglich sein sollte, rollen Sie ihn durch Drehen der Walze im geöffneten Kasten auf.
- Der neue Gurt muß die gleiche Breite wie der alte und in etwa die dreifache Länge der Rolladenhöhe haben. Nylongurte sind am haltbarsten.
- Wenn die Riemenscheibe von der Seite aus zu erreichen ist, wickeln Sie den Rest des alten Gurts ab. Auch das zumeist angeschraubte Gurtende entfernen.
- Wenn die Riemenscheibe so im Kasten liegt, daß Sie nicht drankommen, so ziehen Sie den Gurt soweit als möglich aus der Kastenöffnung heraus. Schneiden Sie den Gurt dann so ab, daß Sie den neuen Gurt bequem mit zwei kurzen Schrauben mit Muttern und Unterlegscheiben auf beiden Seiten auf dem Ende befestigen können. Sie können dafür aber auch zwei Nieten mit Unterlegscheiben nehmen. Das Zusammennähen des alten und neuen Gurtes empfiehlt sich nicht unbedingt, da es sehr fest und sorgfältig mit dickem Garn oder dünnem Bindfaden erfolgen muß.
- Den angeflickten Gurt zweimal um die Riemenscheibe legen und dann durch die Wand über die Führungsrolle ins Zimmer führen. Als Regel gilt: die Verbindungsstelle der beiden Gurtenden muß auf der Riemenscheibe liegen und mindestens von einer Gurtwindung bedeckt sein.

- Dann den alten Gurt gegen die Federspannung von der Federrolle abziehen und lösen. Sie müssen dafür die Federrolle arretieren, etwa mit einem kleinen Holzkeil. Als Federrolle wird das im Mauerwerk eingesetzte untere Ende der Rolladenbefestigung bezeichnet.
- Messen Sie jetzt die Länge des alten Gurtes, wobei Sie das u. U. auf der Riemenscheibe verbliebene Ende mitberechnen müssen. Den Gurt auf die richtige Länge zuschneiden.
- Lassen Sie danach den Rolladen ganz herab. Schieben Sie das freie Gurtende durch den Schlitz und die Bremse in der Abdeckplatte der Federrolle auf die gespannte Federrolle. Das Ende auf der Rolle befestigen. Am einfachsten mit einer Schraube.
- Die Arretierung lösen, die Rolle in die Wand zurückschieben und mit dem Abdeckblech festschrauben.
- Wenn Sie richtig gearbeitet haben, muß der Gurt jetzt zwischen den beiden Schlitzen in der Wand straff liegen und sich beim Hochziehen des Rolladens von selbst aufwickeln. Falls nicht, müssen Sie ihn noch um das Stück kürzen, das er durchhängt.
- Bevor Sie die Abdeckplatte wieder in den Walzenkasten einsetzen, sollten Sie diesen noch gründlich säubern. Die Walzenlager leicht einölen.
- Wenn Sie zerbrochene Rolladenstäbe selbst ersetzen wollen, müssen Sie den Rolladen ganz ausrollen, die Abdeckplatte lösen und ihn über die Walze nach innen ziehen, nachdem Sie ihn dort ausgehängt haben. Die zerbrochenen Rolladenstäbe aushängen, die neuen einhängen und dann über die Walze wieder nach außen ziehen. Das Rolladenende wieder an der Walze einhängen und aufrollen.
- Ihre Rolläden halten länger, wenn Sie sie ein- oder zweimal pro Jahr mit Wasser und Seife abwaschen. Keine handelsüblichen Spülmittel verwenden.

Hereinspaziert

Die besten Tips für Türen und Schlösser

Die Tür klemmt

- Wenn Ihre Tür klemmt, finden Sie zunächst heraus, wo und warum sie klemmt. Die einfachste Methode der Lokalisierung besteht darin, ein Kohlepapier in den Falz zu schieben. Wo sich die Farbe abdrückt, müssen Sie das Holz mit einem Falzhobel entsprechend abflachen.
- Wenn die Tür nach unten durchhängt, unten leicht behobeln.
- Wenn Türbänder oder -scharniere zu tief eingelassen sind, wird die Tür leicht zu dicht an den Rahmen gezogen. Schrauben Sie die Scharniere oder Bänder ab, legen Sie in die zu tiefen Aushebungen Pappstreifen und schrauben Sie alles wieder an.
- Wenn die Aushebungen im Holz dagegen zu flach sind, kann die Tür leicht an der Schloßseite klemmen. Vertiefen Sie die Aushebungen mit dem Stecheisen.
- Auch ein zu dicker Farbanstrich kann die Ursache für das Klemmen von Türen sein. Die Farbe muß an der betreffenden Stelle abgebeizt, diese neu grundiert und gestrichen werden.

Alte Füllungstüren reparieren.

- Manche alte Füllungstüren lassen sich von einem geschickten Heimwerker selbst durch das Anbringen von Hart- oder Sperrholzfaserplatten renovieren oder modernisieren.
- Die nach dem Zimmer aufgehende Türseite können Sie ganz mit Platten belegen, bei der anderen müssen Sie den Falz bzw. die Anschlagleisten im Türrahmen berücksichtigen.
- Säubern Sie die ausgehängte Tür sorgfältig. Die Platten müssen akklimatisieren, indem Sie die feuchte Seite anfeuchten. Legen Sie die Platten dann mit den feuchten Seiten aufeinander und lassen Sie sie für mindestens einen ganzen Tag in dem Raum liegen, in dem sie verwendet werden sollen.
- Zum Zusammenkleben nehmen Sie Kontaktkleber. Wenn Sie über beide Klebeseiten ein Schutzpapier legen, können Sie den Sitz der Platten notfalls noch korrigieren, falls das erforderlich sein sollte. Vorher den Kleber eine Viertelstunde trocknen lassen.
- Das Anbringen von Platten an Füllungstüren trägt auch zur Lärmdämmung und Wärmeisolierung bei.

Außentüren

- Bei Renovierungs- oder Reparaturarbeiten von Außentüren sollten Sie zunächst die Frage prüfen, ob sich eine Ausbesserung überhaupt lohnt und sinnvoll ist.
- Türen von 1900 aber sind in der Regel kleine Kunstwerke der Tischlerarbeit und nahezu unverwüstlich. Bei ihnen lohnt sich eine Aufarbeitung fast immer.
- Zunächst die alten Farbschichten sorgfältig entfernen. Wenn Sie dies durch einen Fachmann erledigen lassen, werden Sie ein Vermögen los. Türdrücker und Schlösser können entweder repariert oder durch neue ersetzt werden.
- Wenn Sie in oder an Ihrem Haus dagegen Normtüren haben, so kommen Sie bei größeren Beschädigungen meist billiger weg, wenn Sie einfach eine neue Tür kaufen.

Schlösser-Pflege und -Reparaturen

- Schlösser müssen regelmäßig geschmiert werden. Verwenden Sie aber dazu kein Öl, weil es sich leicht mit Staub und Schmutz verbindet und so das Schloß verklebt. Nehmen Sie statt dessen Graphitpulver, und stäuben Sie es ein, nachdem Sie das Schloß zuvor gründlich mit Benzin gereinigt haben.
- Zylinderschlösser müssen allerdings von Zeit zu Zeit geölt werden. Lassen Sie etwas Nähmaschinenöl auf den Schlüssel tropfen, stecken Sie ihn in das Schloß und drehen Sie ihn einige Male um, damit das Öl in den Schloßmechanismus einziehen kann.
- Wenn ein normales Einstecktürschloß seinen Dienst aufgibt, ist in der Regel eine zerbrochene Feder die Ursache. Nehmen Sie zunächst die Türgriffe ab, indem Sie die Madenschraube oder den Spint aus einem der beiden Griffe entfernen. Dann lösen Sie die Frontplatte des Schlosses und ziehen es aus der Tür heraus.
- Nehmen Sie das Schloß in ein Eisenwarengeschäft oder einen Spezialschloßladen mit, wo man Ihnen die kaputte Feder schnell ersetzt. Wenn Sie das Schloß wieder selbst einbauen, haben Sie viel Geld gespart.
- Stark beschädigte Schlösser sollten am zweckmäßigsten durch neue ersetzt werden.

Am Boden der Tatsachen

Die besten Tips für Fußböden und Treppen

Je älter – desto besser

- Für Holzfußböden gilt die Regel: Je älter sie sind, desto besser die Verarbeitung. Häuser, die um 1900 gebaut wurden, enthalten fast ausschließlich 30 mm starke Pitchpine-Dielen. Bauten nach 1930 wurden dagegen immer mehr mit Fichtenbrettern ausgestattet, wobei die Mindeststärke bis 1950 auf 18 mm reduziert wurde.

Abschleifen

- Deshalb lohnt sich insbesondere bei alten Häusern das Abschleifen des Fußbodens in jedem Fall, wenn er abgetreten ist. Vergessen Sie aber nicht, die Nägel tiefer einzusenken oder, wenn der Boden stark knarrt, an einigen Stellen Holzschrauben hineinzudrehen und die Löcher mit Holzkitt auszudichten.
- Nach dem Abschleifen den Fußboden neu versiegeln. Die Schönheit des Holzes wird dadurch nicht im geringsten beeinträchtigt, und er ist genau so leicht zu pflegen wie Kunststoff.
- Unebene und schmutzige Holzböden können Sie durch Abschleifen wieder glatt und sauber bekommen. Wenn Sie eine einwandfreie Oberfläche erhalten wollen, müssen Sie in der Regel viermal schleifen.
- Vergessen Sie nicht, alle Dielennägel und/oder -schrauben ausreichend tief zu versenken. Außerdem müssen Sie alle Nägel herausziehen, mit denen ein eventueller Bodenbelag oder Teppich befestigt war.
- Den ersten Schliff führen Sie unter 45° zur Dielenrichtung von einer Seite aus, den nächsten unter dem gleichen Winkel von der anderen Seite aus. Danach schleifen Sie einmal quer zu den Holzfasern und das vierte Mal in Richtung der Dielen. Verwenden Sie für das Schleifen eine elektrische Bandschleifmaschine mit Schleifbändern verschiedener Körnung. Es empfiehlt sich, einen Staubsack zu verwenden, der den entstehenden Schleifstaub direkt auffängt.
- Nach dem Abschleifen den Boden neu versiegeln.

Offene Fugen

- Offene Fugen zwischen den einzelnen Dielen können Sie entweder mit entsprechend zugeschnittenen, nach unten leicht abgeschrägten Holzstreifen schließen. Die Holzstreifen leicht einklopfen und verleimen. Nach dem Abbinden des Leims mit den Dielen bündig hobeln.
- Oder aber Sie weichen – besonders bei schmalen Fugen – altes Zeitungspapier in Wasser ein, kneten es zu einem dicken Brei und vermischen ihn nach dem Ausdrücken des überschüssigen Wassers mit angerührtem und verquollenem Tapetenkleister. Diese Mischung mit einem Spachtel oder Messer fest in die Fugen pressen und nach dem Trocknen und Hartwerden bündig mit den Dielen schleifen.
- Dielenböden, die große Fugen aufweisen, stark abgetreten sind und nur aus dünnen Brettern bestehen, lassen sich kaum aufarbeiten. Sie eignen sich aber als Unterlage für einen neuen Oberbelag.

Wenn die Holzdielen nachgeben

- Wenn die Holzdielen nachgeben oder federn, liegt das zumeist an schadhaften Fußbodenbalken. Sie können sich geworfen haben oder an den Auflagepunkten im Mauerwerk verfault sein. Heben Sie die Dielen so weit ab, daß Sie die darunterliegenden Balken daraufhin kontrollieren können.
- Oft läßt sich eine nachgebende Stelle durch Unterschieben eines Holzkeiles anheben und ruhigstellen.
- Wenn die Holzdielen nur leicht nachgeben, knarren und quietschen, streuen Sie etwas Talkpuder in die Fugen. Die Geräusche entstehen durch das Aneinanderreiben der Dielen.
- Wenn das nichts hilft, liegen die Dielen nicht fest auf den Balken auf. Schrauben Sie die Bretter mit Senkkopfschrauben fest auf die Balken auf.
- Wenn das Holz angefault oder gar verfault ist, muß entweder das befallene Stück oder der ganze Balken erneuert werden. In diesem Fall einen Schreiner und Zimmermann hinzuziehen.

Stark abgenutzte Dielen

- Stark abgenutzte oder unregelmäßige Dielen sollten Sie durch neue ersetzen. Dielen ohne Nut und Feder sägen Sie einige Zentimeter neben der Stelle durch, an der das Brett an den darunterliegenden Balken genagelt ist. Am besten mit einer Rückensäge. Vorsicht, daß Sie den Balken nicht treffen.
- In den Schlitz einen breiten Flachmeißel schieben und das Brett anheben. Vor dem Annageln der neuen Diele sollten Sie eine Auflageleiste von etwa 3 x 3 cm Dicke seitlich an den Balken nageln, um so eine Auflagefläche für das neue Brett zu bekommen.
- Mit Nut und Feder verbundene Dielen werden genauso wie glatte Dielen zunächst an beiden Enden durchgesägt. Dann an einer Längsseite die ganze Feder durchschneiden. Vorsichtig mit dem Meißel herausstemmen. Notfalls müssen Sie auch die zweite Feder durchsägen, um eine Beschädigung des Brettes beim Herausheben zu vermeiden. Beim Wiedereinsetzen ebenfalls Lattenstücke als Auflage an die Balken annageln.
- Ganz unebene Böden erhalten zuvor eine Ausgleichs- und Dämmschüttung aus Perlite, einem körnigen Isoliermaterial, das mit der Wasserwaage glatt abgezogen werden kann. Auf dieser neuen Ebene können Sie dann die Spanplatten oder Gips-Estrich (= Trockenestrich in handlichen Platten) auslegen. Weil sich dadurch aber meist der Fußboden erhöht, müssen alle Türen entsprechend abgesägt werden.
- Wenn die alten Dielen nicht mehr zu retten sind, Sie aber keinen neuen Dielenboden verlegen wollen, können Sie auch entsprechende Fußboden-Verlegeplatten darauf anbringen. Am besten eignen sich dafür wasserfeste Spanplatten oder Sperrholz. Sie können die Platten direkt auf dem Boden auslegen und verleimen.
- Wenn Sie einzelne Dielen oder Parkett-Teile neu verlegen müssen, vergewissern Sie sich zunächst, ob es dafür Material in der gleichen Art gibt.
- Das gleiche gilt, wenn Sie Linoleum oder keramische Fliesen ersetzen wollen.

Feuchtigkeit im Fußboden

- Bei massiven Fußböden aus Zement, Ziegeln, Steinfuß oder Holz kann man sich gegen aufsteigende Feuchtigkeit schützen, indem man eine Isolierschicht aufbringt. Nicht vergessen, dabei auch die Wände bis in die Fußleistenhöhe mit zu isolieren, damit die Nässe nicht über diesen Umweg eindringen kann.
- Wenn Sie einen Fußboden in Erdbodenhöhe mit einem Kunststoffbelag versehen, sollten Sie nach einigen Wochen kontrollieren, ob der Boden darunter trocken ist. Es kann sich nämlich unter dem Belag Nässe sammeln, die die Fußleisten faulen läßt.
- Wenn ebenerdige Fußböden besonders stark unter Nässe und Feuchtigkeit leiden, kann auch ein erhöhtes Terrain in der Umgebung des Hauses die Ursache sein. In diesem Fall sollten Sie das Terrain in Hausnähe drainieren. Ob eine Drainage erforderlich ist, können Sie leicht feststellen, indem Sie in Hausnähe mehrere Löcher von etwa einem Meter Tiefe graben und gut zudecken. Kontrollieren Sie nach dem ersten Regen, wie sich das in diesen Löchern angesammelte Wasser verhält. Wenn es mehrere Tage lang dort stehenbleibt, sollten Sie drainieren, d. h. Gräben anlegen.
- Hohl verlegte Holzfußböden können ebenfalls durch Isolierschichten in den Haus- und Stützmauern vor Nässe geschützt werden.
- Wenn trotzdem Feuchtigkeit unter dem Holzfußboden auftritt, so hat sie zumeist in der ungenügenden Ventilation ihre Ursache. Sehen Sie nach, ob die bei solcher Bauweise zumeist in den Mauern eingelassenen Ventilationsöffnungen verstopft oder zugedeckt sind.

Treppen reparieren

- Für Treppen gilt dasselbe wie für Fußböden. Je älter sie sind, desto besser ihre Qualität.
- Die Aufarbeitung einzelner Stufen lohnt sich in der Regel nicht. Bessern Sie stattdessen die ausgetretene Mittelzone der Stufen aus, und decken Sie diesen Bereich mit einem Teppich

ab. Die Renovierung einer ganzen Holztreppe ist nämlich zumeist teurer als eine neue.

- Ausgetretene Flächen von Holztreppen gleichen Sie am besten mit Holzspachtelmasse aus. Versehen Sie sie mit einer Stoßkante. Das erhöht ihre Lebensdauer.
- Auch bei Steintreppen müssen die ausgebesserten Stellen mit einem Teppich oder einem anderen Belag überdeckt werden.
- Ausgetretene Treppenstufen mit Mörtel oder einem anderen Material ausspachteln, danach mit Teppich oder anderem Belag belegen.

Die Treppe knarrt

- Wenn die Treppen knarren und quietschen, sollten Sie Tritt- und Stoßbretter mit einem Stahlwinkel zusammenschrauben.

Spindeltreppe

- Wenn Sie zum Beispiel Ihren Dachboden ausbauen und durch eine neue Treppe »erschließen« wollen, können Sie als geschickter Heimwerker auch fertige Treppenbau-Systeme kaufen und selbst montieren. Ein Tip: Spindeltreppen brauchen sehr wenig Platz und sehen oft sehr reizvoll aus.

Treppengeländer

- Treppengeländer aus Holz oder Metall sollten von Zeit zu Zeit neu lackiert und angestrichen werden. Vorher den Grund säubern.

Schmuck für Wände und Fußböden

Die besten Tips für Fliesen, Kacheln und zum Teppich verlegen

Der Untergrund

- Nie darauf verlassen, daß Wände oder Fußböden völlig gerade sind. Kleben Sie deshalb die erste Fliesen- oder Plattenreihe immer nach einer Bleistiftmarkierung, die mit Wasserwaage oder Lot zwei bis drei Fliesenbreiten von Wand und Fußboden angezeichnet wird. Sind Unebenheiten vorhanden, so beschneiden Sie lieber einige Randfliesen. Das ist zwar aufwendiger, aber immer noch besser, als wenn nachher alles schief und krumm aussieht.
- Jeder Boden- oder Wandbelag ist nur so gut wie sein Untergrund. Dieser muß eben, riß- und staubfrei, möglichst druckfest und absolut trocken sein. Feuchtigkeit beeinträchtigt nämlich die Bindung zwischen Kleber und Belag.
- Ob der Untergrund feucht ist, können Sie anhand eines Tricks feststellen: Bestreichen Sie eine Stelle mit Kleber. Wenn sich dieser am nächsten Tag nicht als Haut abziehen läßt, ist er trocken, und Sie können mit dem Verlegen anfangen.
- Holz-Untergrund muß mit verdünntem Neopren-Kleber vorgestrichen werden, der das Eindringen von Feuchtigkeit verhindert. Danach sollte er gespachtelt oder mit Holzspanplatten versehen werden, die zwischen 16 und 22 mm dick sein sollten. Vorsicht: Die Scheuerleisten müssen Luftschlitze haben, und Stöße und Schrauben müssen zur Einebnung der Fläche verspachtelt werden.
- Farbanstriche müssen ebenso wie alte Tapeten entfernt werden. Danach den Untergrund leicht aufrauhen.
- Alte Fliesenbeläge können ein guter Untergrund sein, wenn sie ganz eben sind. Beschädigte Fliesen entfernen und durch eine Zementmörtelfüllung ersetzen. Locker sitzende Fliesen ablösen und wieder festkleben, nachdem Sie den Untergrund gesäubert haben. Danach mindestens eine Stunde warten, ehe Sie die neuen Fliesen darüber kleben.
- Ebenfalls als Untergrund geeignet sind sogenannte Bauplatten, also Vollgips-, Gipskarton-, und Hartfaserplatten. Diese müssen allerdings so dick oder zumindest so angebracht sein, daß sie nicht vibrieren können, sondern starr bleiben. Befestigen Sie sie also an möglichst vielen Punkten. Falls nicht bereits vorhanden, sollten Sie die Platten an der Rückseite und

den Kanten mit einer Isolierung versehen. Staub, Fettflecke und lose Teile entfernen.

- Eine wichtige Regel: Auf Untergründen, die sich durch Feuchtigkeit verziehen können, also auf Holz und Holzwerkstoffen, keinen Kleber verwenden, der auf Zementbasis aufgebaut ist.
- Es gibt Kleber, die Sie bereits auf den feuchten Beton auftragen können. Entfernen Sie jedoch, unabhängig, ob es sich um alten oder neuen Beton handelt, die Reste von Schalöl mit einem Lösungsmittel.
- Rauher und unebener Betonuntergrund muß mit einer Füllmasse eingeebnet werden. Sie brauchen dazu eine Traufel, ein etwa 1 m langes Streichbrett und eine Wasserwaage.

Die frisch verputzte Wand erst trocknen lassen

- Eine frisch verputzte Wand sollten Sie mindestens einen Monat trocknen lassen. Auch hier empfiehlt sich das Isolieren mit einem verdünnten Kleber. Alten Verputz genau überprüfen. Lose Stellen abschlagen und ausbessern.

Wenn Sie mit Klebstoff arbeiten

- Der Klebstoff haftet besser, wenn Sie die Glasur der alten Fliesen mit grobem Schleifpapier aufrauhen. Den Schleifstaub mit Wasser abspülen.
- Wenn Sie mit Klebstoff arbeiten (bei anderen Fliesen, Kacheln oder Platten), die Fliesen mit etwas Druck und leichter Drehbewegung ins Kleberbett einsetzen. Gleichmäßige Fugen erhalten Sie, wenn Sie an den Stoßstellen zwischen den Fliesen kleine Plastik-Kreuze einsetzen, die es im Fachhandel gibt. Sie sorgen mit ihren Stegen für genaue Abstände und werden später mit eingefugt.
- Den Klebstoff auf Wand oder Boden anbringen und mit einem Zahnspachtel oder -traufel gleichmäßig unter kräftigem Druck abziehen bzw. »ausdünnen«. Mit dem Verlegen von Fliesen, Kacheln und Platten immer in einer Ecke beginnen.
- Im Verlauf der Arbeit immer wieder die horizontalen und vertikalen Kanten des Belags überprüfen.

Fliesen und Kacheln schneiden

- Fliesen und Kacheln lassen sich einfach schneiden: Ritzen Sie mit einem an einem Lineal entlang geführten Glasschneider die Glasurseite an. Legen Sie genau unter diese Markierung einen dicken geraden Draht. Wenn Sie dann auf beide Fliesenhälften drücken, bricht die Fliese genau an der angeritzten Linie.

Ausschnitte und Aussparungen

- Ausschnitte, z. B. für Rohranschlüsse, stellen Sie wie folgt her: Mit einem hartmetallbestückten Bohrer bohren Sie kreisförmig Loch neben Loch und brechen dann das Innenstück mit einer Fliesenzange heraus.
- Sie können Löcher aber auch mit dem spitzen Fliesenhammer herausschlagen. Damit die Fliese nicht zerspringt, nehmen Sie dabei als Unterlage einen Hammer mit Nylon-Schonkopf zwischen die Knie.
- Aussparungen am Fliesenrand können Sie mit der Fliesenzange vorsichtig »ausknabbern«.

Die Fliesen verfugen

- Wenn alle Fliesen festgeklebt sind, den Fugenmörtel anrühren und mit dem Gummispachtel gleichmäßig über die ganze Fläche verstreichen, bis alle Fugen ebenmäßig gefüllt sind.
- Etwa 20 Minuten später die verfugte Fläche mit einem feuchten Schwamm nachreiben. Der Mörtelschleier, der noch auf den Fliesen sitzt, kann später trocken abgewischt werden.
- Überall, wo starre mit elastischen Bauteilen aneinanderstoßen, etwa bei einer Badewanne und Fliesen, müssen die Fugen elastisch abgedichtet werden: Drücken Sie entweder mit einer Spritzpistole oder auch aus Tuben einen gleichmäßigen Strang Dichtungsmasse (z. B. Lugatolastic) in die Fugen. Glätten Sie die elastische Masse mit ihren Fingern, die Sie in Wasser mit Spülmittel angefeuchtet haben.
- Besonders gleichmäßige Fugen erreichen Sie, wenn Sie die Fliesen vorher beiderseits mit einem Klebestreifen abgedeckt haben.

Steinzeugfliesen

- Steinzeugfliesen werden auf Zementmörtel verlegt. Das ist eine Mischung aus 1 Teil Portlandzement und 3 Teilen Bausand. Der Zementmörtel darf weder krümeln noch so feucht sein, daß die Platten einsinken.
- Es empfiehlt sich, mit Führungslatten zu arbeiten. Legen Sie zwei Maßlatten (sie sollten 6 Plattenbreiten und 5 Fugenbreiten (1 Fuge = 3 mm) lang sein und Markierungen für Fliesen- und Fugenbreiten enthalten) im rechten Winkel gegen die Wand. Danach nageln Sie eine Führungslatte auf dem Boden an den Enden der Maßlatten fest. Nach dem Entfernen der Maßlatten eine zweite Führungslatte entlang der Wand auf den Boden legen. Die Führungslatten sollten etwa doppelt so dick wie die Fliesen sein.
- Mit einer Wasserwaage überprüfen, ob die Führungslatten waagrecht liegen und gleich hoch sind. Kleine Unebenheiten mit Holzkeilen korrigieren.
- Die Streichlatte soll genauso lang wie die Maßlatten sein. An der Unterkante, die völlig glatt und gerade sein muß, an beiden Ecken soviel auskanten, daß sie genau zwischen die Führungslatten paßt. Die Höhe der Aussparung soll der Plattendicke plus 3 mm entsprechen.
- Mit einer Stahltraufel oder Kelle die Zementmörtelmischung auf der so begrenzten Fläche auftragen und verteilen.
- Dabei immer nur soviel Mörtel auftragen, daß er gerade für die ersten 5 oder 6 Plattenreihen ausreicht. Mit der Streichlatte die Mörtelschicht zwischen den Führungslatten glatt ziehen. Die Führungslatte an der Wand entfernen und die Lücke ebenfalls mit Mörtel ausfüllen.
- Wenn Sie die Oberschicht des Mörtels mit trockenem Zement bepudern, gibt das den Platten einen besonders guten Halt.
- Die Maßlatte neben die Führungslatte legen und die erste Fliesenreihe auslegen. Mit einem breiten Holzklotz einklopfen.
- Wenn die erste Mörtelfläche mit Fliesen belegt ist, mit der Kellenspitze durch die Fugen fahren und die Fliesen ausrichten.
- Mit einem feuchten Schwamm die Mörtelreste entfernen.

- Das nächste Arbeitsstück wieder mit dem Einrichten der Maß- und Führungslatten vorbereiten. Die Anschlußstelle des ersten Mörtelbettes mit Zement pudern, ehe Sie den nächsten Mörtel auftragen.
- Bevor Sie mit dem Verfugen beginnen, sollten Sie mindestens einen Tag warten. Verfugt wird mit reinem Zement, den Sie mit einem Gummischaber kräftig in die Fugen drücken. Überschüssigen Mörtel entfernen.
- Zuallerletzt die Platten mit einem sauberen Tuch polieren. In Innenräumen ein geeignetes Poliermittel verwenden, im Freien abgekochtes Leinöl.

Fliesen ausbessern

- Zerbrochene Fliesen mit Hammer und kleinem Meißel vorsichtig herausschlagen. In der Mitte der Platte beginnen, weil sich so Beschädigungen der angrenzenden Platten vermeiden lassen. Lose Platten einfach ab- oder hochnehmen.
- Wenn Sie nur ein oder zwei Platten auswechseln müssen, verlegen Sie die neuen am zweckmäßigsten mit einem Kleber. Achten Sie in diesem Fall sorgfältig darauf, daß Sie beim Herauslösen der Fliesen das Mörtelbett nicht beschädigen.
- Ein neues Bett aus Zementmörtel lohnt sich nur, wenn Sie eine größere Fläche ausbessern müssen. In diesem Fall muß das alte Mörtelbett sauber bis an die Kanten der noch festsitzenden und intakten Platten herausgemeißelt werden.
- Wenn Sie Fliesenwände ausbessern müssen und nicht unbedingt auf den Anblick von Fliesen bestehen, so können Sie die gesamte Fläche auch mit einer »Glasfaser-Haut« tapezieren. Lose Fliesenteile entfernen und Risse und Löcher zuspachteln.
- Mit einer kleinen Rolle gleichmäßig Dispersionskleber auf die Wand auftragen und das zugeschnittene Glasfasergewebe vorsichtig in das Kleber-Bett legen. Tragen Sie bei dieser Arbeit Handschuhe, weil die feinen Fasern jucken. Zum Zuschneiden von Glasfasergewebe benutzen Sie ein Universalmesser. Genau werden die Schnitte, wenn Sie das Messer an einem Stahllineal entlangführen.
- Das Glasfasergewebe leicht mit einer Gummiwalze andrük-

ken, damit die Struktur nicht zerstört wird. Das Ganze mindestens 24 Stunden trocknen lassen.

- Danach können Sie die Fläche mit Dispersionsfarbe oder Kunstharzlack anstreichen. Bei Wänden, die nur mäßig beansprucht werden, reicht ein einmaliges Überrollen mit Farbe. Wisch- und waschfest wird die Fläche durch einen zusätzlichen Überzug mit Kunstharzlack, den Sie ebenfalls aufrollen.
- Sie können mit Glasfasergewebe übrigens auch Putz- und Holzflächen renovieren, beschichten und streichen.

Die gebräuchlichsten Platten, Fliesen und Kacheln

Keramikfliesen

- Das Angebot ist ungeheuer vielfältig: Es gibt die verschiedensten Farben, Farbschattierungen, Formen, Zeichnungen, Dekors, Muster, Glasurarten und Maße. Eine Einteilungsmöglichkeit ist die Oberfläche: Es gibt Fliesen mit glatter, rauher oder reliefartiger Oberfläche.
- Sagen Sie beim Einkauf, wofür die Fliesen gedacht sind. Für ungeheizte Räume oder Außenwände gibt es nämlich auch frostsichere Fliesen.
- Am leichtesten lassen sich rechteckige und quadratische Fliesen verlegen. Sonderformen, wie etwa die sogenannten Florentiner-Fliesen, erfordern einige Erfahrung beim Verlegen von Fliesen.

Steinzeugfliesen

- Der ideale Bodenbelag für Küche, Bad, Toilette und den Flur sind Steinzeugfliesen. Sie sind aus Tonmischungen gepreßt, gebrannt und meistens unglasiert. Es gibt sie einfarbig, gesprenkelt, marmoriert oder mit anderen Mustern. Für Ecken und Winkel sind außerdem besondere Hohlkehlplatten zu empfehlen. Für Kanten, Fensterbänke und Türschwellen gibt es auch Platten mit gerundeten Ecken.
- Etwas teurer als einzelne Fliesen, aber dafür praktischer beim Verlegen, sind Bodenplatten, bei denen 15 einzelne Fliesen mit Kunststoffprodukten an den Ecken zusammengeklebt sind. Die vorgefertigten Bodenfliestafeln sind absolut eben.
- Für Freunde von Mosaiken gibt es auch sogenannte papierge-

bundene Mosaike. Hier sind die viereckigen Steinchen auf Papierstücke geklebt und können in ganzen Blättern und Mustern gekauft werden.

Dämm- und Isolierplatten

- Zumeist werden sie für den Untergrund verwendet. Sie können aber als Decken- oder Wandverkleidung benutzt werden.
- Es gibt sie aus den verschiedensten Materialien. Aus Holzfasern gepreßt, sind sie als »Weichfaserplatten« im Handel. Bitumierte Platten sind feuchtigkeitsunempfindlich und feuerhemmend. Geriefte, gelochte oder geschlitzte Akustikplatten wirken stark schalldämpfend. Gipskartonplatten bestehen aus einer beidseitig mit Rohpappe belegten Hartgipsschicht. Einseitig mit Aluminiumfolie kaschiert, verfügen sie über eine besonders gute Wärmeisolierung.

So können Sie Teppiche verlegen

- Der Unterboden muß trocken, eben und druckfest sein. Sonst haben selbst beste Teppichqualitäten keine lange Lebensdauer.
- Teppiche gibt es in Bahnen und Fliesen. Mit Fliesen tun Sie sich insbesondere dann leichter, wenn Sie verwinkelte Räume belegen wollen.
- Die Teppichmuster müssen von Bahn zu Bahn aneinanderpassen, wobei die Bahnen in der gleichen Strichrichtung liegen. Wenn Sie sich über die Strichrichtung nicht sicher sind, setzen Sie einfach einen Hammer auf die Bahn und lassen den Stiel lose fallen. Der Strich des Teppichs läßt den Stiel immer in Strichrichtung fallen.
- Die ganze erwünschte Fläche mit den Teppichbahnen auslegen, wobei sie an den Wänden gleichmäßig hochstehen und die einzelnen Bahnen sich jeweils 2 bis 3 cm überlappen sollten. Die beiden Bahnränder an einem Lineal entlang mit einem Mehrzweckmesser gleichzeitig durchschneiden.
- Unter die Schnittlinie kleben Sie ein doppelseitiges Klebeband auf den Unterboden. Anschließend den Teppich von beiden Seiten aneinanderlegen und fest zusammendrücken.
- An Türen und Wänden das Messer beim Zurechtschneiden

schräg gegen Wand oder Türrahmen halten. So paßt die Bahn genau.

- An Vorsprüngen die Bahn umlegen und im rechten Winkel zur Bahnenkante schneiden.
- Die Außenkanten ebenfalls sorgfältig beschneiden. Wenn Sie gut gearbeitet haben, können Sie sich sogar das Anbringen einer Sockel- oder Fußbodenleiste ersparen.
- Mit dem Verlegen von Teppichfliesen wird immer in der Mitte eines Raumes begonnen.
- Damit die Teppichfliesen nicht eingehen, schrumpfen oder sich werfen können, sollten Sie sie einige Tage in ausgepacktem Zustand in dem Raum lagern, in dem sie ausgelegt werden sollen.
- Ob Sie die einzelnen Fliesen festkleben oder nicht, hängt von Ihrem Ermessen ab. Sie können sich das Kleben ersparen, wenn Sie sie genau verlegen, wobei die Fliesen an den Außenrändern Wand oder Türen angepaßt, also zugeschnitten werden müssen.

Scherben bringen Glück

Die besten Tips
für Glas- und Keramik-Reparaturen

Glas- und Keramik-Reparaturen

- Wenn ein Glasgegenstand in nicht zu kleine Stücke zerbrochen ist, und noch alle Stücke vorhanden sind, können Sie ihn mit einem Epoxydkleber wieder zusammensetzen.
- Rauhen Sie vor dem Auftragen des Klebers alle Bruchflächen mit feinem Korundschleifpapier leicht an. Wenn Sie jede Klebung mit einem Fön erwärmen, können Sie das Aushärten beschleunigen.
- Vergessen Sie nicht, den geklebten Gegenstand so zu sichern, daß die Klebestellen bis zum Aushärten nicht verrutschen können. Bei leichten Gegenständen kommen Sie mit Klebestreifen aus, bei schwereren sollten Sie notfalls auch ein entsprechendes Gestell aus Abfallholz basteln.
- Gegenstände aus nicht porösem Material, also Glas, Porzellan und Steingut, lassen sich gut in einer warmen Backröhre trocknen. Poröse Gegenstände, also Ton- und Irdenwaren, lassen Sie am besten für zwei oder drei Tage bei Zimmertemperatur stehen.
- Ob ein Material porös ist oder nicht, können Sie mit folgendem Test leicht feststellen: Berühren Sie eine Bruchstelle mit der feuchten Zungenspitze. Poröses Material bewirkt ein ziehendes Gefühl, während sich undurchlässiges Material wie Glas anfühlt.
- Wenn Sie größere Gebrauchsgegenstände zusammenkleben wollen, die auch größeren Belastungen ausgesetzt sind, so verfahren Sie wie folgt: Die Bruchstücke gründlich mit Scheuerpulver reinigen und trocknen lassen. Nacheinander die verschiedenen Bruchstücke mit Epoxydkleber an den Bruchstellen versehen, antrocknen lassen. Danach die Bruchstücke zusammenlegen und mit Klebestreifen fixieren. Kleine Löcher und fehlende Splitter mit reichlich Epoxydkleber ausfüllen. Wenn Ihnen größere Bruchstücke abhanden gekommen sind, die Lücken mit Epoxydkleber bestreichen und mit Epoxydharzkitt ausfüllen. Eine solche Füllung muß langsam aufgebaut werden. Eine glatte Oberfläche können Sie erzielen, wenn Sie den Kitt mit einem mit Seife befeuchteten Finger glattstreichen. Nicht vergessen, die umliegende Fläche von eventuellen Kittresten zu reinigen.

- Nach rund 15 Stunden mischen Sie passendes Farbpulver mit etwas Epoxydkleber und bestreichen damit die Kittstelle. Sie erhalten so eine glänzende und glatte Oberfläche. Kleine ausgebrochene Splitter können Sie ebenfalls mit Epoxydkleber ausfüllen, dem Sie etwas Farbpulver beigemengt haben.
- Wenn Sie Figuren oder Gartenkeramik reparieren wollen, die nicht so starken Belastungen ausgesetzt sind, können Sie als Bindemittel auch Zellulose- oder Polyesterkleber verwenden. Der Vorteil: Diese Klebstoffe trocknen in etwa 15 Minuten.
- Gegenstände, die Feuchtigkeit oder Nässe ausgesetzt sind, sollten mit Epoxydkleber zusammengeklebt werden.
- Wenn Sie Gegenstände zusammenkleben wollen, die glasiert sind, zum Beispiel Tassen, so sollten Sie die Bruchstellen möglichst dicht am Rand entlang mit Klebestreifen abdecken. Danach beide Bruchränder zwei- bis dreimal dünn mit Epoxydkleber bestreichen und diesen mit einem spitzen Holz gut in die Poren einarbeiten. Vor jedem neuen Auftrag ein Antrocknen abwarten.
- Wenn Sie den überschüssigen Kleber mit einem Holzstäbchen von den Bruchstellen abstreifen, insbesondere von den inneren Rändern, erhalten Sie eine fast unsichtbare Klebung.
- Die so präparierten Einzelteile auf einer Keramikfliese zusammensetzen und mit einem Klebestreifen sichern. Die Arbeit zum Trocknen in eine Backröhre legen. Ein Ankleben können Sie verhindern, indem Sie etwas Plastikfolie unter Ihre Arbeit legen.
- Epoxydkleber härtet in der Backröhre bei etwa 150° in einer guten dreiviertel Stunde völlig aus.

Auch der Handmixer oder die Gemüseschale kann repariert werden

- Sprünge oder Risse in Hartplastikgehäusen wie etwa Handmixern oder Gemüseschalen für den Kühlschrank sind selbst für relativ ungeübte Heimwerkerinnen kein Grund, gleich neue Geräte zu kaufen. Sie lassen sich nämlich mit ein oder zwei Lagen Glasfasergewebe, das mit Polyesterharz getränkt wird, leicht reparieren.

- Handschuhe überziehen, das Gewebe in der benötigten Fläche fadengerade zuschneiden, die Randfäden auszupfen, damit die überstehenden Fransen einen weichen Übergang bilden, und über den Riß legen.
- Dann mit einem Pinsel behutsam das Polysterharz in den Stoff tupfen. Nehmen Sie statt des normalen, immer klebrig bleibenden Harzes aus den Reparatursets für Autokarosserien lieber Polyester-LT-Harz. Es trocknet an der Luft. Und Sie erhalten damit eine glatte und vor allem trockene, klebfreie Oberfläche.
- Dieses Verfahren läßt sich aber nur bei harten Materialien durchführen. Teile aus Weichplastik nehmen keinen Klebstoff an.
- Mit dem oben geschilderten Verfahren können aber nicht nur Haushaltsgeräte, sondern auch Schäden an Metallblechen, Kunststoffen und Holz behoben werden. Die Reparaturstellen so gut wie möglich säubern. Wenn Sie ganze Löcher flikken wollen, brauchen Sie eine provisorische Formfläche, auf der Sie die Reparaturschicht aufbauen können. Bei kleinen genügen Klebestreifen, bei größeren sollten Sie Karton, Holz oder Preßspanstücke unterlegen.
- Die provisorische Form können Sie nach der Reparatur leicht wieder entfernen, wenn Sie sie mit einem Auto- oder Trichlorwachs vorbehandeln. Sie können sie aber auch mit Zellophan oder einer anderen Plastikfolie belegen.
- Als ersten Arbeitsgang zunächst eine Schicht Feinharz mit dem Pinsel auftragen und 20 bis 30 Minuten antrocknen lassen. Sie ergibt eine harte und glatte Oberfläche.
- Danach zwei bis drei Glasfasergewebestücke ausschneiden. Das erste sollte genauso groß wie das Loch sein, das oder die nächsten jeweils 2 bis 3 cm größer.
- Eine Schicht mit Härter vermischtes Kunstharz mit dem Pinsel auf die Reparaturstelle auftragen und das erste Stück Glasseide darauflegen. Leicht andrücken und eine weitere Schicht Kunstharz darauftupfen, bis die Glasfaser ganz durchfeuchtet ist. Entfernen Sie mit einem Roller alle Luftreste aus der Glasgewebe-Harz-Schicht.
- Das nächste Glasfaserstück auflegen und genauso verfahren.

Hier aber auch die überstehenden Ränder mit Kunstharz antupfen.

- Sie müssen soviele Schichten auflegen, bis die Ausbesserung etwas dicker ist als die Oberfläche des Reparaturgegenstandes.
- Mindestens einen Tag warten, ehe die provisorische Formfläche entfernt wird. Danach die Ränder und die Oberfläche der Reparaturstelle mit Feile, Schleifteller und Sandpapier glattschleifen und, falls nötig, ausspachteln.
- Soll die Reparatur gestrichen oder lackiert werden, muß sie vorher gründlich mit heißem Wasser und einem Spülmittel abgewaschen werden. Danach nochmals mit Schleifklotz und Sandpapier von Hand nachschleifen.
- Wenn Sie Pinsel und Roller mehrfach benutzen wollen, müssen beide unmittelbar nach der Benutzung ausgewaschen werden.

Der richtige Klebstoff ist immer der beste

- *Epoxydharzkleber* setzt sich aus zwei Komponenten zusammen, dem Kleber und dem Härter. Beides wird unmittelbar vor Gebrauch zusammengemischt. Epoxydkleber müssen zwischen 4 und 48 Stunden aushärten, wobei die geklebten Teile solange fixiert werden sollten. Sie sind für jedes Material geeignet und kleben sehr haltbar.
- *Gummiklebstoffe* haben immer pflanzlichen Ursprung und werden aus Latex oder Guttapercha hergestellt. Sie trocknen schnell. Die Bindungen sind fest, elastisch und unempfindlich gegen heißes Wasser. Vorsicht bei chemischen Reinigungen.
- *Harnstoffleime* werden aus Harnstoffharzen, teilweise unter Zusatz von Melaminharzen, hergestellt. Sie besitzen eine gute Füllwirkung und eignen sich deswegen auch gut für nicht dicht abschließende Leimverbindungen, etwa im Möbelbau oder bei Reparaturen.
- *Kaseinleime* bestehen aus Säurekasein und Alkalien. Sie sind gegen Feuchtigkeit und Wärme relativ unempfindlich und lassen sich auch in ungeheizten Räumen noch gut verarbeiten. Die geleimten Teile bis zur völligen Aushärtung einspannen.

- *Kontaktkleber* ist ein Kunstharzklebstoff auf der Basis von Neopren. Bestreichen Sie beide Seiten, die Sie zusammenkleben wollen, mit dem Klebstoff, und zwar am besten kreuzweise mit einem Zahnspachtel. Abwarten, bis der Kleber handtrocken ist. Dann beide Teile so fest wie möglich in der richtigen Lage aufeinander drücken. Die Klebfestigkeit und -haltbarkeit hängt vom Anfangsdruck ab, den Sie durch Hämmern oder festes Anreiben erhöhen können. Ein Einspannen ist nicht erforderlich.
- *Kunstkautschukklebstoffe* aus künstlichem Kautschuk oder Latex werden vorwiegend verwendet, wenn Sie Fußböden oder Wände mit Linoleum, Kunststoff-, Filz- und anderen Belägen versehen wollen. Sie haben auf Beton, Bauplatten aller Art, Holz, Asphalt, Leder, Stoffen, Kunststoffschichtplatten und Keramikfliesen eine gute Haftung. Je nach Gebrauchsanweisung müssen Sie nur eine oder beide Flächen bestreichen, die Sie miteinander verbinden wollen. Kunstlatexkleber ist wasserlöslich, Kunstkautschukklebstoffe dagegen müssen mit einem Speziallösungsmittel behandelt werden, wenn Sie die Verbindung lösen wollen.
- *Polystrolkleber* bestehen aus Kunstharz und werden überwiegend nur bei Verbindungen von Kunststoffteilen aus Polystrol, Trolitul, Vestyron u. ä. verwendet. Die Kleber binden rasch und durchsichtig ab.
- *PVA-Klebstoffe* sind Kunstharzleime auf der Polyvinylacetat-Basis. Sie werden als Kalt- oder Weißleime anstelle der früher üblichen Heiß- oder Knochenleime vor allem im Möbelbau und der Tischlerei verwendet. Sie binden in etwa 20 Minuten und sind nach einem Tag vollkommen ausgehärtet. Die geleimten Teile müssen Sie einige Stunden einspannen. PVA-Leime ergeben zwar feste Verbindungen, sind aber gegen Feuchtigkeit und große mechanische Belastungen nicht unempfindlich.
- *PVC-Klebstoffe* bestehen aus Polyvinylchlorid und werden zum Kleben von weichen PVC-Folien benutzt. Die Bindungen sind fest und biegsam. Bei manchen Klebern aber kann sich das Material kräuseln.
- *Resorzinharzleime* zeichnen sich durch ihre hohe Wasserbe-

ständigkeit aus und sind deshalb besonders für den Bootsbau und für Gartenmöbel geeignet.

- *Tier- und Fischleime* werden aus Tierhäuten, -knochen und -sehnen sowie aus Fischabfällen hergestellt. Sie werden zumeist für Holzverbindungen eingesetzt, die dicht schließen sollen. Diese althergebrachten Leime sind haltbar und dauerhaft, jedoch empfindlich gegen Feuchtigkeit und Hitze. Die geleimten Teile müssen bis zum Trocknen eingespannt bleiben.
- *Zellulosekleber* trocknen schnell und sind durchsichtig klar. Da sie nahezu unempfindlich gegen Wasser und Hitze sind, eignen sie sich besonders für Reparaturen von Glas, Porzellan, Steingut und für den Modellbau.

Tips für das richtige Kleben

- Wenn Sie feste und fehlerfreie Verbindungen erhalten wollen, müssen Sie neben der Wahl des richtigen Klebstoffes noch einige Regeln beachten.
- Verwenden Sie frischen Kleber oder Leim.
- Beachten Sie beim Anrühren, Mischen und Verarbeiten die Gebrauchsanweisungen der Hersteller genauestens.
- Verleimen Sie Holz nur, wenn Sie es zuvor in geschlossenen Räumen getrocknet und erwärmt haben.
- Achten Sie darauf, daß die Verbindungsstellen immer sauber sind.
- Tragen Sie den Klebstoff gleichmäßig auf alle Berührungsflächen auf, und nach Möglichkeit auf beide Materialteile, die zusammengeklebt werden sollen.
- Glatte Flächen sollten vor dem Verleimen mit Schleifpapier aufgerauht werden. Das erhöht die Festigkeit der Verbindung.
- Wenn Sie Werkstücke nach dem Verleimen einspannen, achten Sie darauf, daß kein zu großer Druck entsteht. Der Leim würde aus den Fugen treiben und die Haftbarkeit geringer werden.

Durchgang verboten!

Die besten Tips für Isolierungen

Dämm- und Isolierarbeiten gegen Wärmeverlust

- Gute Schalldämmung bewirkt auch zumeist gute Wärmedämmung. Jedoch: Je massiver und schwerer ein Baustoff ist, desto größer ist auch seine Wärmeleitfähigkeit. Die beste Wärmedämmung bieten folglich leichte und poröse Materialien. Sogar Luft kann wärmedämmend sein, vorausgesetzt, sie wird im Ruhezustand gehalten.
- Wärmedämmend sind auch alle schallschluckenden Baustoffe, wie etwa textile Wandbespannungen auf Filz- oder Glaswollunterlagen.
- Normalerweise werden Hauswände so konstruiert, daß zwischen tragender Wand und äußerer Mauerschale eine Wärmedämmung in Verbindung mit einer Luftschicht eingebaut wird. Die verwendeten Baustoffe Ziegel, Kalksandstein oder auch Gasbeton und die Wandstärke sind dafür ausschlaggebend, wie stark die Dämmschicht oder Glasfilz oder Hartschaum sein muß. Die sogenannte Wärmedämm-Berechnung muß von einem Fachmann durchgeführt werden.
- Da Glas außerordentlich wärmeleitend ist, geben die Fenster je nach Größe entsprechend viel Heizenergie nach außen ab. Sie können Ihre Heizkostenrechnung verringern, indem Sie Isolierglasscheiben einbauen. Am besten ist eine Dreischeibenverglasung mit einem weiteren dämmenden Luftzwischenraum.
- Das Neueste auf diesem Markt sind versiegelte Isolierglasscheiben, die die Wärmestrahlung reflektieren und in den Raum zurückwerfen. Die Spiegelschicht bewirkt allerdings eine leicht dunklere Tönung des Glases.
- Wenn Sie die Sicherheit haben, daß Ihre Außenwände einen hohen Wärmedurchgang aufweisen, hilft nur eine Radikalkur. Sie müssen eine sogenannte Vorhangfassade anbringen. Darunter versteht man vorgesetzte Verkleidungen, Lattenkonstruktionen, die auf die Fassade aufgenagelt werden. Dazwischen kommt Glaswolle, und als Schutz gegen Regen dient zum Beispiel eine Asbestzementschieferlage. Sie können auch eine Thermohaut in Form von aufgeklebten Hartschaumplatten anbringen, über die Sie einen neuen Außenputz ziehen.

- Wenn Sie Ihren Dachboden gegen Wärmeverluste isolieren wollen, verwenden Sie am besten Glasfasermatten als Isoliermaterial. Sie sind gegen Feuchtigkeit, Fäulnis und Ungezieferbefall völlig unempfindlich und so stabil, daß sie, einmal verlegt, auch unbefestigt an Ort und Stelle liegen bleiben.
- Die Glasfaserbahnen werden von außen zur Mitte hin verlegt. Den Anfang der Rolle dort andrücken, wo Sparren und Deckenbalken zusammentreffen. Danach die Bahn bis zur Mitte des Dachbodens abrollen, die Matten durchschneiden und zwischen die Balken drücken. Dann von der anderen Seite aus arbeiten. In der Mitte des Dachbodens sollten sich beide Bahnen um etwa 10 cm überlappen.
- Sie können freilich auch die Dachschräge gleichermaßen isolieren. Sie können dazu auch Baufilz verwenden, der auf eine papierkaschierte Alu-Folie geklebt ist. Er wird einfach mit Breitkopfnägeln an die Sparren genagelt.
- Bedenken Sie, daß Sie durch die Isolierung Ihres Dachbodens Ihren Wärmeverlust bis zu 85 Prozent vermindern können. Sie verringern damit entscheidend Ihre Heizkosten und haben die Ausgaben für die Wärmedämmung innerhalb kürzester Zeit amortisiert.

Dämm- und Isolierarbeiten gegen Zugluft

- Schlecht oder überhaupt nicht abgedichtete Fenster und Türen sind neben dem nicht isolierten Dach die Hauptursachen für Wärmeverluste. Entsprechende Abdichtungsmaßnahmen haben dabei einen erfreulichen Nebeneffekt: Sie sperren so noch die lästige Zugluft aus.
- Dichtungsschienen für Türen und Fenster – es gibt sie überall im Fachhandel zu kaufen – werden nicht im Falz, sondern am Rahmen oder Flügel angebracht. Sie sind zumeist aus unverwüstlichem Kunststoff und können mit ihrem Schlauchprofil mit der zusätzlichen Feinlippe auch große Spalten überbrükken. Sie werden einfach festgenagelt.
- Dichtungsprofile mit besonders breiter Lippe, die sich bei verzogenen und undichten Türen und Fenstern bestens bewährt haben, werden ebenfalls angenagelt.
- Hohlprofile aus synthetischem Schaumstoff sind selbstkle-

bend und werden in den Fensterfalz geklebt. Ihr Vorteil: Die Dichtung ist sehr elastisch und kann Spalten von 3 bis 5 mm zuverlässig schließen.

- Profildichtungen gibt es in den Farben Rohweiß, Grau und Braun. Sie haben drei feine Dichtungslippen, die sich unter Druck verformen. Auch diese Dichtungen sind selbstklebend, witterungsfest, altersbeständig und dauerelastisch. Damit der Kleber haftet, muß der Falz sauber und trocken sein.
- Der V-Knick ist das Besondere am Dichtungsband aus Polypropylen. Es ist 22 mm breit, 0,3 mm dick und in der Mitte eingekerbt. Es wird mit der kleberbeschichteten Seite in den gut gesäuberten und trockenen Falz geklebt. Dann die andere Hälfte nach innen zum V knicken.
- Dichtungsschienen werden von außen an den Rahmen genagelt, das Dichtungsprofil wirkt wie eine zusätzlich angebrachte Leiste. Es ist die einfachste und beste Lösung für alle Wetterseiten.
- Schaumstoffstreifen eignen sich am besten für glattflächige Rahmen und Flügel.
- Sie können Fenster- und Türrahmen auch mit einer Silikon-Dichtungsmasse ausspritzen. Eine gute Grundierung sorgt für die entsprechende Haftung. Der Rahmen soll staubfrei, trocken und von Farbresten frei sein. Kleben Sie vorher die innere Falzfläche mit Kreppband ab. Nach dem Aufstreichen muß die Grundierung etwa 30 Minuten trocknen.
- Danach drücken Sie mit der Schraubspindel einen gleichmäßigen Strang Dichtungsmasse auf die grundierte Fläche. Die Dicke können Sie durch entsprechendes Abschneiden der Spitzdüse regulieren. Arbeiten Sie langsam, gleichmäßig und ohne abzusetzen.
- Mit einer Folie verhindern Sie, daß die aufgespritzte Masse Fenster und Rahmen dauerhaft verklebt. Die Folie soll so aufgelegt sein, daß sie zu beiden Seiten gleichmäßig übersteht. Schließen Sie danach das Fenster für zwei Tage.
- Entfernen Sie dann mit dem Cuttermesser nach dem Trocknen eventuell überstehende Reste. Im Falz schneiden Sie direkt in die Dichtungsmasse ein und ziehen mit dem Kreppband ab, was zuviel ist.

- Eine andere Dichtungsmöglichkeit sind austauschbare Dichtungsgummis, die in modernen Fenstern zumeist serienmäßig enthalten sind. Wenn sie mürbe oder brüchig werden, tauschen Sie sie gegen neue aus.

Dämm- und Isolierarbeiten gegen Lärm

- Man unterscheidet zwei Arten von Schall: Luftschall entsteht beispielsweise durch lautes Sprechen oder Rufen, durch Radiomusik oder das Klingeln des Telefons. Körperschall entsteht durch das Einschlagen eines Nagels in die Wand, durch das Verschieben schwerer Gegenstände auf dem Boden oder durch lautes Gehen oder Trampeln auf dem Fußboden. Sie müssen sich deshalb vor allen Dämm- und Isolierarbeiten überlegen, gegen welche Schallquellen Sie sich oder Ihre Nachbarn schützen wollen.
- Grundsätzlich gibt es zwei Methoden, dem Schall Einhalt zu gebieten: entweder durch Dämmung durch Absorption (Schallschlucken) oder Dämmung durch Masse (Gewicht).
- Zu dünne Wände können wie Membranen wirken und Geräusche sogar verstärken. Hier ist dann das Wandgewicht, die Masse, zu gering. Die Energie der Luftschwingungen des

einen Raumes reicht aus, die Trennwand wie eine Membrane vibrieren und damit den Schall in den anderen Raum durchdringen zu lassen. Wenn Sie solche Wände schallsicher machen wollen, müssen Sie zunächst das Wandgewicht erhöhen. Dafür gibt es verschiedene Methoden. Ist die Wand zum Beispiel hohl, wie bei Gipskarton auf Latten, so müssen Sie den Zwischenraum mit Sand ausfüllen. Wenn Sie sich aber diese Arbeit ersparen wollen, können Sie auch beide Wandseiten mit einer Bleifolie benageln.

- Eine andere Art, Wände schallschluckend zu verkleiden, besteht im Aufnageln einer Stoffbespannung auf eine Filzunterlage. Oder dem Aufkleben einer dicken Teppichauslegeware auf die Wand.
- Wenn Sie auf Ihre Innenwände Weichfaserlochplatten aufnageln, können Sie Ihren Wohnraum in das reinste Tonstudio verwandeln, d. h. es dringt kaum ein Laut nach außen.
- Die schallsicherste Wand bleibt allerdings sinnlos, wenn durch die geschlossenen Türen der Lärm nach außen durchdringen kann. Wichtig sind bei den Türen dabei vor allem die Fugen zwischen Rahmen und Tür. Sie sollten deshalb entweder mit mehreren Filzen oder einer Gummidichtung versehen werden.
- Wenn Sie Ihre Türen nachträglich gegen Schall dämmen wollen, müssen Sie entweder die Tür schwerer machen oder mit einer Aufpolsterung versehen.
- Moosgummistreifen dichten die Fugen von Türen nahezu perfekt ab.
- Gegen Lärm, der durch die Fenster nach außen oder durch sie nach innen dringt, schützen innen schwere Vorhänge oder Rolläden außen.
- Sie können sich aber Spezialfenster einbauen oder einbauen lassen. Am zweckmäßigsten sind Isolier-Doppelscheiben, die allerdings besonders konstruiert sein müssen, wenn sie neben einer wärmedämmenden auch eine schalldämmende Wirkung haben sollen. Sie bestehen aus zwei oder drei verschieden dicken Scheiben, wobei der dazwischenliegende Raum so berechnet ist, daß ein Großteil der Frequenzen aus der Luftschwingung herausgefiltert wird.

- Besonders schalldämmend ist das sogenannte Kastenfenster, das zwei Fensterflügel hintereinander und einen entsprechend großen Zwischenraum enthält. Der äußere Fensterflügel ist mit Isolierglas ausgestattet, der innere hat eine besonders dicke Glasscheibe. Die seitlichen Wände des Zwischenraums sowie Boden und Decke sind mit Schallschutz-Lochplatten versehen und können so keine Schallwellen reflektieren.
- Bei Fußböden ist eine Dämmung gegen Körperschall erforderlich. Zumeist wird hier ein sogenannter »schwimmender Estrich« verlegt. Er besteht aus einer Zement- oder Gußasphaltlage, die auf einer Dämmschicht aus Glasfilz oder Hartschaum »schwimmt«. Dadurch wird eine Geräuschübertragung, etwa durch Stühlerücken oder Trampeln, die in die tragende Betondecke wandern und die darunterliegenden Räume gelangen könnte, weitgehend ausgeschaltet.
- Wenn aber etwas Estrichmaterial durch zu große Fugen der Isolierschicht sickern kann und mit der Betondecke in Berührung kommt, wird die schalldämmende Wirkung fast völlig aufgehoben. Es empfiehlt sich deshalb, stets eine zusätzliche Folie auf die Dämmschicht zu legen, die ein Durchdringen des Mörtels oder anderen Estrichmaterials verhindert.
- Holzbalkendecken sind für »schwimmenden Estrich« nicht geeignet. Hier müssen Sie die Zwischenräume zwischen den Balken mit Schlacke oder Sand auffüllen oder durch das Auflegen von fertigen Betonplatten das Deckengewicht so erhöhen, daß auch stärkere Geräusche die Balkenlage nicht mehr zum Schwingen und damit zur Schallweitergabe bringen können.
- Eine andere Möglichkeit, die Böden schalldämmend zu präparieren, ist das Auslegen des Bodens mit Teppichen, die heute oft geprüfte schalldämmende Eigenschaften aufweisen.

Schalldämmungs-Tips für Haushalts- und sonstige Geräte

- Geschirrspül- und Waschmaschinen arbeiten weniger lärmintensiv, wenn Sie sie auf schwingungsdämpfende Füßchen und Unterlagen, auf Plättchen oder Streifen aus Moosgummi stellen. Wenn die Haushaltsmaschinen fest eingebaut sind, sollten Sie dafür Sorge tragen, daß auch an den Seiten der Maschinen Streifen oder Plättchen aus Moosgummi aufgeklebt sind. Der Schall wird so nicht übertragen.

- Wenn Sie einen laut arbeitenden Heizkessel im Keller haben, sollten Sie ihn auf eine Schallschluck-Noppenplatte aus Gummi stellen. Berücksichtigen Sie dabei das Gewicht des Kessels, damit die absorbierenden Polster nicht so dicht zusammengedrückt werden, daß der Schall kaum noch gedämmt wird.
- Geräusche aus der Wasserleitung oder dem Heizungskreislauf können Sie zu Leibe rücken, indem Sie kurze Gummischläuche an verschiedenen Stellen einbauen oder mit einer Gummiisolierung an den Flächen versehen, wo sie direkt mit dem Mauerwerk in Berührung kommen.
- Ersetzen Sie das letzte Stück der Wasserleitung zum Spülkasten des WC oder das Stück Heizungsrohr hinter der Umwälzpumpe durch einen flexiblen Schlauch. So können die Schwingungen nicht mehr übertragen werden.
- Badewannen können Sie gegen Schall und Wärmeverlust abdämmen, indem Sie den Hohlraum zwischen Badewannenkörper und Mauerwerk mit Flüssigschaum aus der Spraydose ausschäumen. Vergessen Sie nicht, die Rohranschlüsse, an die Sie durch die sogenannte Revisionsöffnung gelangen, mit Pappe abzudecken. Damit Sie auch wirklich alle Stellen des Hohlkörpers ausschäumen können, schieben Sie einen Gummischlauch über die Düse der Spraydose. Zum Ausschäumen des Hohlraums einer Badewanne benötigen Sie etwa 150 Liter Flüssigschaum, was ca. sechs großen Spraydosen entspricht. Für eine Duschwanne sind etwa 60 Liter erforderlich. Vergessen Sie vor dieser Arbeit auch nicht, den Fußboden abzudecken. Falls doch etwas Flüssigkeit auf die Fliesen getropft ist, sofort mit Aceton beseitigen. Ausgeschäumte Badewannen lassen sich leiser mit Wasser füllen und halten das Badewasser auch länger warm.

Dämm- und Isolierarbeiten gegen Feuchtigkeit

- Feuchtigkeit kann viele Ursachen haben. Zur Schadensbehebung ist es wichtig, die Fehlerquelle zu finden.

- Fehler im Bau sind: eine schadhaft gewordene oder durch Erd- bzw. Schuttanhäufung überbrückte Isolierung der Grundmauern; Mörtelreste auf den Drahtankern zwischen den Doppelwänden; Risse in Wänden oder undichte Fenster- und Türrahmen; kaputte Dachziegel und -schiefer; undichte Kamine, bei denen die Nässe eindringen kann.
- Wenn die Dachböden feucht sind, ist zumeist eine schadhafte Dachdeckung die Ursache. Feuchtigkeitsflecken können aber auch durch undichte Wasserleitungen verursacht werden, etwa durch ein schadhaftes Ausdehnungsgefäß der Zentralheizung. Bevor Sie das Dach reparieren, überprüfen Sie deshalb alle Wasserleitungen, besonders die Verbindungsstellen der Rohre.
- Eintretendes Wasser auf dem Dachboden führt oft zu feuchten Flecken an den darunterliegenden Zimmerdecken, wobei das Wasser Schmutz mit sich führen und so auch den Deckenputz verfärben kann. Beseitigen Sie zunächst die Ursache, ehe Sie die Decke austrocknen. Zum Beispiel mit einem elektrischen Heizlüfter oder einem Fön. Entfernen Sie zuvor schadhafte Tapeten. Nach dem Trocknen der Decke überstreichen Sie jeden Flecken mit einem zweifachen Isolieranstrich sehr genau. Einfaches Übertapezieren oder -malen ist unsinnig, weil ohne sorgfältige Isolierung jeder Fleck bald wieder durchschlägt.
- Deckenflecken in der Nähe einer Zimmerecke an der Außenwand können auch von Wasser herrühren, das von außen durch die Wand eindringt.
- Wenn es an kalten und trockenen Tagen nach einer längeren, regenlosen Zeit zu Fleckenbildung kommt, können auch Kondensationsvorgänge daran schuld sein.
- Feuchte Stellen an den Wänden im Untergeschoß in Erdbodennähe lassen auf eine mangel- oder schadhafte Grundmauerisolierung schließen. Bei alten Häusern fehlt sie sogar oft ganz.
- Kleinere Mängel können Sie unter Umständen selbst beheben, indem Sie auf der Außen- und Innenseite einen Isolieranstrich anbringen. Außen erfolgt ein solcher Anstrich auf das nackte Mauerwerk, innen auf den Gipsverputz. Er dringt

in die Wand ein und macht sie gegen Feuchtigkeit unempfindlich.

- Lassen Sie sich von einem Fachmann beraten, was das geeignete Isoliermaterial ist. Größere Schäden sollten Sie ohnehin durch ihn beheben lassen.
- Überprüfen Sie, ob Sand oder Erdreich über der Höhe der Grundmauerisolierung gegen die Wand gehäuft ist. Eine solche »Brücke« läßt Boden- und Regenfeuchtigkeit eindringen.
- Die Abhilfe in diesem Fall ist einfach: Entfernen Sie die Aufschüttung.
- Wenn an der Hauswand ein Weg vorbeiführt, kann hochspritzendes Regenwasser über der Isolierung in die Mauer eindringen. Da Ziegel von Natur aus porös sind, müssen sie sowohl gegen seitlich eindringende wie auch aufsteigende Feuchtigkeit geschützt werden. Legen Sie den Weg mindestens 15 cm tiefer, oder verputzen Sie den unteren Wandstreifen mit wasserdichtem Zementmörtel.
- Wenn sich auf den Innenseiten von Hohlwänden weiter oben feuchte Stellen zeigen, kann das zwei Ursachen haben: besonders poröse Ziegel in der Außenwand oder die Überbrückung eines Drahtankers durch Mörtel, den man darauf liegengelassen hat. Er ist für Feuchtigkeit ein perfekter Leiter. Hier hilft nur ein vollständiges Isolieren der Außenwand durch wasserdichten Putz oder einen entsprechenden Anstrich.

Wasserdichter Putz und Isolieranstriche

- Hervorragend gegen Nässe schützt Zementputz. Für den Außenputz mischen Sie 1 Teil Zement mit 1 Teil Weißkalk und 6 Teilen Sand sowie Wasser zu einem nichttropfenden Brei. Achtung: Im Sommer muß die Grundschicht mindestens zwei, im Winter mindestens acht Tage Zeit zum Abbinden haben, ehe Sie eine zweite Putzschicht aufbringen.
- Wenn Sie Unregelmäßigkeiten auf der Wand verdecken wollen, mischen Sie sich aus 2 Teilen Zement, 1 Teil Kalk und 6 Teilen Sand mit viel großem Korn, Kies oder Splitt einen sogenannten Kellenspritzputz an. Wenn der Unterputz abgebunden hat, können Sie einen etwa 1 cm dicken Oberputz mit der Kelle aufwerfen.

- Ein anderer, gegen Wasser schützender Putz ist der sogenannte Kratzputz. Mischen Sie dafür 1 Teil Zement mit 3 Teilen einer Sand- und Feinkiesmischung. Schleudern Sie diesen Mörtel mit der Kelle gegen die Wand. Nach dem Verreiben den noch frischen Putz mit einem Nagelbrett leicht abziehen. Dabei fallen alle dickeren Körner aus dem Putz heraus. Kratzputz eignet sich hervorragend für eine Oberputzschicht.
- Zement- und Steinfarben dienen nicht nur der Zier, sie haben auch einen feuchtigkeitsabstoßenden Effekt. Sie werden in der Regel in Pulverform geliefert und müssen mit Wasser angerührt werden. Mit den Farben können Sie kleine Löcher und Risse verschließen. Der Anstrich ist wasserfest. Steinfarben sind meist dauerhafter als Zementfarben.
- Emulsionsfarben für Außenanstriche sind ebenfalls wasserfest. Sie können mit ihnen aber nicht kleine Risse oder Unregelmäßigkeiten im Mauerwerk abdecken.
- Bitumen- und Teerfarben bieten einen außergewöhnlich guten Schutz gegen Feuchtigkeit. Sie sind aber wegen ihres Aussehens nicht jedermanns Geschmack. Sie dürfen nur auf völlig ausgetrockneten Wänden aufgebracht werden, weil sie die Oberfläche luftdicht abschließen und eventuell vorhandene Restfeuchtigkeit ins Innere treiben.
- Leim- und Kalkfarben bieten so gut wie gar keinen Witterungsschutz an Außenwänden und müssen außerdem oft erneuert werden.
- Silikonanstriche sind wasserabweisend und durchsichtig. Sie eignen sich deshalb besonders gut als unsichtbarer Schutz bei schönem Ziegel- und Steinmauerwerk. Ein beigefügter Farbstoff zeigt an, wo Sie bereits gestrichen haben. Er verschwindet jedoch beim Trocknen.

Innen-Isolierungen gegen Feuchtigkeit

- Wenn Sie feuchte Wände von innen isolieren, sollten Sie wissen, daß die Nässe hinter der undurchdringlichen Schutzschicht in den meisten Fällen in der Wand weiter nach oben steigt und dann in höher gelegenen Räumen wieder austritt. Deshalb sollten Sie vor jeder Arbeit auf alle Fälle die Ursache der Feuchtigkeit finden und den Schaden beheben.

- Das beste Isoliermittel ist eine dünne Zwischenschicht aus Luft. Auf diesem Prinzip wirken auch die nachstehend aufgeführten Isolierverfahren für Innenwände.
- Belegen Sie die Wand mit bitumierter, gewellter Baupappe, die Sie dann als Unterlage für einen Gipsverputz oder für Gipsbauplatten benutzen können.
- Belegen Sie die Wände mit Kunststoff-Hartschaumplatten, die Sie mit einem Spezialhartschaumkleber auf Stoß an der Wand aufkleben. Hartschaum gibt es übrigens auch als Bahnenware. Beide Beläge können Sie dann anstreichen, tapezieren oder mit einem Feinputz aus Zellulosespachtel versehen. Achtung: Hartschaum ist druckempfindlich.
- Bringen Sie an der Wand einen Lattenrost an, den Sie mit Gipsbauplatten belegen. Die Latten nageln Sie in Abständen von 50 cm senkrecht an. Die Latten müssen hochdruckimprägniert sein, die verzinkten Nägel rostfrei. Die Gipsbauplatten sollten auf der Rückseite mit einer Folie belegt sein. Diese Verkleidung isoliert gleichzeitig auch gegen Schall und Temperatur.
- Sie können die Innenwände aber auch mit luftdichtem Spezialbaupapier bekleben. Bei diesem Verfahren steigt die Feuchtigkeit in der Wand aber weiter nach oben.

Feuchte Fußböden

- Feuchtigkeit auf Fußböden tritt in der Regel nur auf, wenn deren Isolierschicht schad- oder mangelhaft ist. Ziehen Sie in diesem Fall immer einen Fachmann hinzu, der Ihnen raten kann, welche Abwehrmaßnahmen zu treffen sind. Nasse Zementstrichböden dürfen nämlich nicht einfach abgedeckt oder wasserdicht beschichtet werden. Sie müssen vielmehr von unten her sorgfältig isoliert werden. Erst danach dürfen die Böden mit Spezialfarben bestrichen werden, die feuchtigkeits- und trittfest sind.
- Für einen solchen Anstrich muß der Estrichboden sorgfältig gereinigt werden. Bringen Sie mit einem Pinsel oder einer Lammfellrolle mindestens zwei Farbschichten auf. Die Haltbarkeit des Anstrichs hängt von der Schichtdicke und der Beanspruchung des Bodens ab.

- Feuchte Stellen auf Holzböden dürfen Sie nicht einfach mit Lack versiegeln. Sie schließen damit zwar die Feuchtigkeit aus Ihren Wohnräumen aus, schaffen aber zugleich geradezu ideale Lebensbedingungen für den Hausschwamm im Holz. Der Boden muß zunächst einmal unterhalb der Dielen oder des Parketts gegen die Nässe isoliert werden.
- Zeigen sich Feuchtigkeitsflecken auf dem Boden bei kaltem, trockenem Wetter, so handelt es sich dabei meist um oberflächliche Kondensationserscheinungen und nicht um aufsteigende Nässe.

Feuchte Untergeschosse

- Sie finden Sie besonders häufig bei älteren Häusern. Die Abhilfe erfolgt ähnlich wie bei den höher liegenden Zimmern.
- Wenn die Wände nicht zu feucht sind, genügt ein mehrfaches Streichen der Wände, und, falls nötig, auch des Fußbodens mit einem Isolierlack.
- Einen besseren Schutz erhalten Sie, wenn Sie die Wand mit druckimprägnierten Holzleisten (ca. 3 x 5 cm Querschnitt) belegen und rückseitig folienbelegte Gipsbauplatten mit rostfreien Nägeln aufnageln.
- Oder Sie verwenden bitumierte, gewellte Spezialbaupappe, die Sie als Unterlage für einen neuen Gipsputz benutzen können. Diesen erst nach gründlichem Trocknen tapezieren oder anstreichen. Fungizide Bestandteile in der Farbe können zusätzlich gegen Pilz- oder Schimmelbildung schützen.

Feuchtigkeit an Türen und Fenstern

- Durch das Schwinden von Fenster- und Türrahmen können zwischen Rahmen und Mauerwerk kleinere Risse entstehen, durch die Feuchtigkeit eindringt. Diese Fugen nie mit Zement oder Kitt ausfüllen, weil beides zum Bröckeln neigt.
- Verwenden Sie statt dessen elastischen Mauerteer, den es in Tubenform oder in Streifen zu kaufen gibt. Sie können damit die Fugen dauerhaft abdichten.
- Achten Sie auch auf die Wassernasen oder Regenrinnen, insbesondere auf die Längsnuten unterhalb der Fensterbretter. Wenn diese, etwa mit Farbe, verstopft sind, müssen sie gerei-

nigt werden, damit das Regenwasser wieder abfließen kann.

- Wenn keine Wassernasen angebracht sind, sollten Sie unauffällige Längsleisten von etwa 5 x 5 cm Querschnitt unten am Fensterbrett anbringen, an denen das Wasser abtropfen kann.
- Feuchte Wandstellen neben Türen und Fenstern gründlich austrocknen lassen, ehe Sie sie mit einem Isolieranstrich von außen versehen.

Kondensations-Nässe

- Vor allem beim Waschen, Baden und in der Küche bildet sich Feuchtigkeit in der Luft, die bei einer guten Außen- und Innenisolierung nicht austreten kann. Sie schlägt sich dann als Kondenswasser an kälteren Flächen nieder. Sie erkennen die Entwicklung von Kondensation daran, wenn eine Außenwand bei trockenem, kaltem Wetter innen feucht wird. Kondensation ist auch sehr oft bei Neubauten zu beobachten.
- Dieser Kondensationsform können Sie vorbeugen, wenn Sie anstelle von nassem Gipsputz trockene Gipsbauplatten verwenden.
- Kondensationsflecken treten auch häufig im Schlafzimmer auf, eine direkte Folge des Atmens, durch das die Luft mit Feuchtigkeit gesättigt wird.
- Die einfachste Möglichkeit, der Entwicklung von Kondensations-Feuchtigkeit vorzubeugen, ist gutes und ausreichendes Lüften.
- In Küche oder Bad, besonders »gefährdeten« Räumen, können Sie auch elektrische Ventilatoren einbauen, die die feuchte Luft ableiten. Nicht vergessen, daß bei Betrieb des Ventilators alle Türen geschlossen sein müssen, damit die feuchte Luft nicht in andere Räume eindringen kann.
- Kondensationsfeuchtigkeit in Badezimmern können Sie auch entgegenwirken, indem Sie Ihre Badewanne zunächst mit kaltem Wasser etwas füllen. Das heiße Wasser lassen Sie dann durch die Brause einlaufen, die Sie in das kalte Wasser legen.
- Die wirksamste Abhilfe bei Kondensationsfeuchtigkeit an den Decken von Küche und Bad bietet ein Belegen der Decken mit Kunststoffhartschaum.

Der gute Regenschirm wirkt Wunder oft

Die besten Tips fürs Dach

Dach-Reparaturen

- Bei einer Inspektion Ihres Daches dürfen Sie folgende Symptome nicht finden: Feuchtigkeit auf dem Dachboden, Risse in der Abdeckung oder Abblätterung und Löcher in den Dachpfannen, kleine Bohrmehl-Häufchen auf dem Dachboden und verrottete Balken. Sie erkennen sie daran, daß Teile des Balkens einfach abbröckeln.
- Wenn Sie nur eine undichte Stelle zu reparieren haben, besorgen Sie sich das erforderliche Material. Erneuern Sie gegebenenfalls auch die alte Teerpappe.
- Überprüfen Sie genauestens, ob es nicht doch mehrere undichte Stellen gibt. In diesem Fall kommen Sie nämlich kaum um eine Neueindeckung herum.
- Dabei ist es wichtig, daß Sie auch alle Dachlatten auf ihren Zustand kontrollieren. Sie dürfen weder angefault sein noch unter Käfer- oder Pilzbefall leiden.
- Bei einer Neueindeckung müssen Sie auch alle tragenden Dachlatten erneuern, weil deren Abstände immer den verwendeten Pfannenformationen angepaßt sind.
- Bei der Erneuerung der Latten empfiehlt es sich, gleich eine Dichtungsfolie auf die Sparren aufzunageln. Sie verhindern so das Eindringen von Sprühregen oder Flugschnee in das Innere des Dachraums.
- Bevor Sie sich für eine andere Dachdeckung entscheiden, erkundigen Sie sich, ob die Baubehörde eine andere Dachbedeckung erlaubt.
- Vergessen Sie nicht, die neuen Dachlatten mit einer Tiefen- und einer Oberflächenimprägnierung zu versehen.

Schadhafte Ziegel

- Wenn einzelne Firstziegel lose sind, nehmen Sie die lockeren Ziegel ab. Allen zerbrochenen und losen Mörtel entfernen. Rühren Sie frischen Mörtel aus 1 Teil Zement, 2 Teilen Kalk und 10 Teilen feinem Sand zu einer dickflüssigen, aber nicht tropfenden Mischung an. Tragen Sie den Mörtel auf, und drücken Sie die Firstziegel in diese Mischung. Die Fugen ebenfalls mit Mörtel zustreichen.
- Wenn sich einzelne Dachziegel verschieben, können Sie sie in

den meisten Fällen vom Dachboden aus wieder in die richtige Lage bringen. Nasen oder Falze werden dabei einfach über die Dachlatten gehängt. Wenn das nicht möglich ist, können Sie die Ziegel auch mit einem Draht oder einem Klumpen Mauerteer oder Kunstharzkleber befestigen. Bei Dächern mit Innenverkleidung sind die Dachziegel allerdings nur von außen zu erreichen.

- Wenn Sie einen oder mehrere beschädigte Dachziegel ersetzen müssen, so empfiehlt es sich, ein schadhaftes Exemplar zum Baugeschäft oder Dachdecker mitzunehmen. Es gibt nämlich die verschiedensten Dachziegelarten und -größen.
- Genagelte Ziegel entfernen Sie am besten mit einem Schieferdeckerhammer, den Sie unter den Ziegel und um den Nagel herum schieben. Den Ziegel mit einem scharfen Ruck losbrechen oder den Nagel durchschlagen. Aus Kostengründen sollten Sie sich diesen Hammer nur ausleihen.
- Beim Einsetzen des oder der neuen Ziegel müssen Sie normalerweise die Nachbarziegel abnehmen oder wenigstens anheben.
- Wenn sich ein schadhafter Ziegel nicht entfernen läßt, können Sie ihn auch mit Mauerteer oder Plastikmetall abdichten.
- Wenn Sie zwischen den Pfannenreihen nach draußen schauen können, ist das nicht so schlimm. Herausgebröckelten Mörtel, den sogenannten »Pfannenverstrich«, können Sie nämlich von innen ziemlich einfach erneuern. Mörtel herstellen und an den fraglichen Stellen aufbringen.

Schieferplatten

- Die Ursache für lose Schieferplatten sind zumeist durchgerostete Nägel. Bei Schieferdächern, deren Platten auf die Dachlatten genagelt sind, können Sie die undichte Stelle in der Regel vom Dachboden aus reparieren. Bei Schieferdächern auf Holzverschalung dagegen müssen Sie die Reparaturarbeiten von außen, also vom Dach aus, vornehmen.
- Lösen Sie die Platte durch eine kräftige, drehende Bewegung. Reißen Sie dabei die Nagellöcher heraus. Die alten Nägel herausziehen, neue Löcher in die Schieferplatte bohren und

diese mit neuen, etwa 4 cm langen rostfreien Nägeln befestigen.

- Gelegentlich ist es einfacher, die lose Platte mit rostfreiem Draht oder mit Nasen, die Sie aus Mauerteer formen können, an der nächsthöheren Dachlatte zu befestigen.
- Oder aber Sie verwenden Z-förmige gebogene Kupfer- oder Zinkblechstreifen, in die Sie die Schieferplatte von der Seite aus einschieben.

Bitumen- und Wellpappendächer

- Bei Bitumenpappendächern mit einer einfachen Dachpappeschicht lohnen sich bei Beschädigung Ausbesserungsarbeiten nicht. Die Dachpappe ganz abnehmen und durch neue ersetzen. Vom Verlegen der neuen Schicht auf der alten Dachpappe ist abzuraten, weil die Unterlage oft Blasen und Wellen aufweist.
- Bei Mehrschichtendächern können kleine Schäden mit Kelle und Asphaltkitt ausgebessert werden. Bei größeren empfehlen sich das Dazwischenlegen von Leinen- oder Glasfaserbinden zwischen die Kittschichten sowie ein oder zwei Anstriche der Oberfläche mit einer Asphaltkautschuklösung.
- Wellplatten aus Asbestzement werden am ehesten an den Nagel- oder Schraubenlöchern undicht. Für die Reparatur Asphaltkitt verwenden, den Sie, falls nötig, mit Leinen- oder Glasfaserbinden verstärken. Wenn Sie neue Nägel oder Schrauben einsetzen, müssen Sie Dichtungsringe aus Gummi, Kunststoff oder Aluminium verwenden, die das Eindringen von Wasser verhindern.
- Wenn an den überhängenden Kanten oder an den seitlichen Zusammenstößen der Platten Wasser eindringt, müssen diese Fugen mit Feinbeton, einer Mischung aus 1 Teil Zement mit 1 Teil Sand, zugestrichen werden.

Sicher gegen Regen und Schnee

- Wenn Sie Ihr Dach besonders wirksam gegen Regen oder Schnee sichern wollen, nageln Sie Dachpappe oder wasserdichtes Baupapier von innen gegen die Dachsparren. Papier oder Pappe müssen bis an die Dachrinne reichen, damit eventuell durch heftige Winde hereingetriebenes Wasser dort ablaufen kann.

- Sie erhalten das gleiche Ergebnis, wenn Sie folienbelegte Gipsbauplatten mit der Folienseite dem Dach zu annageln.
- Wenn Sie ein Schieferdach haben, ist eine solche Folie oder eine Dachpappe-Lage sogar unbedingt erforderlich.
- Wenn ein asphaltiertes Flachdach undicht wird, sollten Sie eventuelle Reparaturarbeiten unverzüglich ausführen. Feine Risse werden mit einem alten Pinsel und einer Asphaltkautschuklösung zugestrichen. Größere Sprünge werden mit einer kleinen Kelle und Asphaltkitt verschlossen. Noch dauerhafter wird Ihre Ausbesserung, wenn Sie Leinen- oder Glasfaserbinden zwischen die Kittschichten legen.
- Wenn Sie sich für eine totale Erneuerung des Daches entschlossen haben, sollten Sie auch für eine moderne Abdichtung sorgen. Sichern Sie Ihr Dach durch eine Gitterfolie gegen Flugschnee. Sie wird unter den neuen Dachlatten befestigt.

Der Dachstuhl

- Holzwürmern rücken Sie am besten durch Bohrloch-Injektionen mit Holzschutz-Mitteln zu Leibe. Sie können so erhalten, was noch zu retten ist.
- Die sehr stark befallenen oder in Leidenschaft gezogenen Teile müssen abgehackt und ersetzt werden.
- Wenn die Tragfähigkeit des Daches in Frage gestellt ist, sollten Sie unbedingt einen Fachmann hinzuziehen. In diesem Fall müssen die Balken gänzlich umgetauscht oder durch ein Korsett aus aufgeschraubten Balken oder Eisenprofilen gestützt werden.
- Das Umdecken eines beschädigten oder baufälligen Daches, das Abreißen der alten Pfannen und das Auflegen von neuen, hat nur bei einem gesunden Dachstuhl Sinn.

Der ausgebaute Dachstuhl

- Wenn Sie den Dachraum ausbauen wollen, fragen Sie bei der Baubehörde nach, ob der Ausbau genehmigungspflichtig ist und ob Sie eine Genehmigung erhalten würden.

- Bei einem Ausbau des Dachraums muß die Dachkonstruktion – die tragenden Balken – in einwandfreiem Zustand sein.
- Bevor Sie die Stützen und Sparren verkleiden, überprüfen Sie die Holzimprägnierung. Im Zweifelsfall empfiehlt sich immer eine erneute Imprägnierung.
- Ebenfalls vor den Verkleidungsarbeiten sollten Sie, falls erforderlich, Balkenverstärkungen vornehmen.
- Ob sich ein Ausbau überhaupt lohnt, hängt hauptsächlich von der Dachneigung ab. Als Regel gilt: Mindestens die Hälfte des Raums sollte Stehhöhe haben.
- In die Dachschrägen können Sie Betten oder Sitzgruppen einbauen.
- Denken Sie daran, eine Wärmedämmung einzubauen. Die schönste Profilholzverkleidung ist sinnlos, wenn es im Sommer unter dem Dach unerträglich heiß ist und der Raum sich im Winter nicht heizen läßt.
- Ziehen Sie für den Ausbau des Dachstuhls in jedem Fall einen Statiker hinzu, der Ihnen ausrechnet, ob die Streben und Stützen ausreichen, verstärkt oder ersetzt werden müssen.
- Sorgen Sie auf alle Fälle für eine gute Wärmeschutz-Isolierung.
- Die Versorgungsleitungen für Strom, Wasser und Heizung können Sie aus den darunterliegenden Räumen hochholen. Berücksichtigen Sie bereits bei der Grundriß-Planung: Bad über Bad und Küche über Küche.
- Das nötige Tageslicht erhalten Sie am einfachsten mit Dachflächenfenstern, die es für jede Eindeckung gibt. Als Grundsatz gilt: Die Fensterfläche sollte mindestens 8 Prozent der Grundfläche eines Raums betragen.

Dachrinnen und Fallrohre

- Dachrinnen und Fallrohre müssen regelmäßig, mindestens jedoch zweimal jährlich, von Laub, Zweigen, Dachziegelteilen, Mörtel und anderen Verunreinigungen gesäubert werden. Nehmen Sie für die Dachrinnen einen Besen oder einen Rinnenreiniger – ein Stab, an dessen Ende eine halbrunde Scheibe im Dachrinnenformat anmontiert ist. Beginnen Sie beim Fallrohr und arbeiten Sie sich zum Rinnenanfang vor.

Abschließend die Dachrinne mit dem Gartenschlauch durchspülen.

- Fallrohre werden von oben aus gereinigt. Nehmen Sie dafür eine lange Latte oder einen Stab, um dessen Ende Sie ein Lumpenknäuel wickeln. Falls Sie damit nicht durchkommen, müssen Sie entweder ein Rohrstück entfernen, oder aber durch eine entsprechende Klappöffnung einen Drahthaken einführen, mit dem Sie die Verstopfung Stück für Stück herausangeln können.
- Kleine Löcher in der Dachrinne können Sie selbst schließen. Kleben Sie einfach ein dünnes Blechstück mit einem Zweikomponentenklebstoff darüber.
- Dachrinnen oder Fallrohre sollten, wenn sie nicht aus Kunststoff oder Kupfer sind, immer dann einen neuen Anstrich erhalten, wenn der alte abblättert oder sich löst.

Alles zum Verputzen ...

Die besten Tips
für Putz und Fassade

Verputzen

Tips für das richtige Verputzen

- Putz hält am besten, wenn Sie ihn mit der Kelle auf die Wand anwerfen. Er darf dafür nicht zu feucht sein.
- Sie können den Putzmörtel aber auch mit dem großen Reibebrett auftragen. Verteilen Sie mit der Kelle einigen Mörtel auf dem Brett und drücken Sie es dann mit seiner unteren Kante gegen die Wand. Unter Druck langsam die Wand hochziehen, so daß sich der Mörtel möglichst gleichmäßig verteilt und angedrückt wird.
- Beim gleichmäßigen und ebenen Verputzen kommen Sie nicht ohne Putzlatten aus, die sowohl einen seitlichen Abschluß bilden wie auch die Maßeinheit für die Dicke des Putzes darstellen. Die Latten werden mit Putzhaken in einem Abstand von etwa einem halben Meter Länge senkrecht an der Wand angebracht. Den Zwischenraum mit Mörtel auffüllen. Danach die frische Mörtelschicht mit dem Abziehbrett abziehen. Sie schieben es dafür mit sägenden Bewegungen über die beiden senkrechten Putzlappen von unten nach oben.
- Wenn der Mörtel anzieht, d. h. langsam erhärtet, zunächst mit dem großen und später mit dem kleinen Reibebrett den Putz glattreiben. Am besten eignen sich dazu leicht kreisende Bewegungen, die Sie unter sanftem Druck über die gesamte Fläche hin ausführen.
- Innenwände, die noch glatter sein müssen, können Sie mit einem Brett glätten, auf dem Sie eine Filzscheibe befestigt haben. Noch glatter wird der Putz, wenn Sie ihn zunächst mit einer Deckenbürste leicht angefeuchtet haben.
- Sie können aber auch eine zusätzliche Feinputzschicht aus Gipskalkmörtel mit der Stahltraufe aufbringen und mit ihr oder dem Filz nachglätten. Hier aber immer nur kleine Flächen bearbeiten, weil der Gips schnell trocknet. Damit der Gips besser haftet, sollte der Unterputz ziemlich rauh bleiben.
- Den Gipskalkmörtel nicht zu flüssig anrühren, weil er sonst nicht mehr hart wird.

- Außerdem sollten Sie bei der Arbeit nicht vergessen, den Mörtel im Kasten von Zeit zu Zeit wieder »schlank« zu rühren. Insbesondere dann, wenn Sie immer wieder abgeriebenen oder überschüssigen Mörtel in den Mörtelkasten zurückgegeben haben.

Putz-Reparaturen

An Wänden

- Lockeren oder schlechten Putz bis auf das gesunde Mauerwerk entfernen und dieses aufrauhen, damit der neue Putz gut haftet.
- Sprünge und Risse im Wandputz, der sich ansonsten in einem guten Zustand befindet, nicht mit Gips, sondern mit einem Zellulosefüller etwas höher schließen, als die umgebende Fläche ist. Nach dem Abbinden die Füllung mit einer feinen Hobelfeile oder einem Schleifklotz und Sandpapier ebenfeilen.
- Feine Risse müssen vor dem Ausfüllen leicht erweitert werden, damit die Füllung besser haftet.
- Putzstellen, die hohl klingen, wenn man darauf klopft, müssen ganz vom Putz befreit werden. Tiefere Löcher sollten Sie mit mehreren Schichten Zellulosekleber ausfüllen, die Sie nacheinander auftragen.

An Decken

- Wenn sich der Putz mit den Latten senkt, ist zumeist die Verankerung kaputt. Stellen Sie in diesem Fall die Lage der Balken fest, und versuchen Sie, die Latten neu anzuschrauben.
- Wenn sich eine Gipslattendecke teilweise senkt, so ist die Ursache zumeist die Nagelung, die sich gelockert hat. Die entsprechenden Platten müssen neu angenagelt werden.
- Gipsplatten, die Wasserflecken aufweisen oder naß sind, werden am zweckmäßigsten abgenommen und erneuert.
- Lassen Sie sich durch Risse nicht beunruhigen, die zwischen Decke und Wände auftreten. Es genügt schon die geringste Bewegung des Hauses, um den Putz an diesem neuralgischen Punkt springen zu lassen. Verputzen Sie solche Stellen einfach neu oder decken Sie sie mit einer Kehlleiste aus Holz zu.

- Wenn Sie eine Betondecke teilweise oder ganz neu verputzen müssen, weil sich der Putz gelockert hat, müssen Sie vor dem Neuverputzen eine Zementisolierung auf Kunstharzbasis auftragen. Erst danach eine Grundschicht mit Kalkmörtel und dann eine Deckschicht aus Gipskalkmörtel anbringen.
- Wenn sich immer wieder Risse zeigen, sollten Sie die ganze Decke mit Hartschaumplatten belegen.

Fassade

Holzflächen

- Holzverkleidete Fassaden sind an der Sonnenseite des Hauses den stärksten Belastungen ausgesetzt. Durch die ständigen Temperaturunterschiede schwindet und quillt das Holz regelmäßig. Holzrisse lassen sich deshalb so gut wie gar nicht vermeiden. Sie beeinträchtigen jedoch im allgemeinen die Festigkeit der Verbretterung nicht.
- Wenn Sie die Holzfassade dennoch erneuern bzw. teilweise auswechseln wollen, besorgen Sie sich die entsprechende Menge des Holzes. Das Holz sollte von der gleichen Art des bereits verwendeten sein.
- Wenn Sie abgeplatzte Ölfarbenanstriche erneuern wollen, säubern Sie das Holz bis auf den Grund.
- Ist das nicht möglich, so können Sie als neue Imprägnierung auch eine elastische Acryllackschicht auftragen. Auch hierfür ist der Untergrund sorgfältig zu reinigen.

Putzflächen

- Da Putz heute hauptsächlich als Anstrichträger dient, weisen schadhafte Stellen im Anstrich zumeist auf Putzmängel hin. Wenn sich ganze Farbflächen lösen, haben die einzelnen Sandkörnchen im Putz ihre Zementverbindung verloren und sanden aus.
- Tragen Sie in diesem Fall einen Kunststoffestiger als Tiefgrund auf, bevor Sie weitere Anstriche anbringen.
- Überprüfen Sie mögliche Risse im Mauerwerk auf ihre Ursache. Durchziehen sie das ganze Mauerwerk, können sie nicht auf der Fassade beseitigt werden. Sie würden immer wieder

kommen. Hier hilft nur eine Verkleidung der Außenflächen mit einer Vorhangfassade.

- Bevor Sie neuen Putz auftragen, den alten abschlagen.

Ziegelmauerwerk und andere Steinflächen

- Ziegelmauerwerk gilt als die langlebigste Fassade. Trotzdem können einzelne Steine Beschädigungen aufweisen. Etwa Frostabsprengungen. Hier gibt es leider kaum Abhilfe.
- Imprägnieren Sie in diesem Fall aber sofort das ganze Mauerwerk wasserabweisend, damit die Schäden nicht weiter um sich greifen.
- Ist nur das Sockelmauerwerk angegriffen, tragen Sie dort eine Schicht Edelputz auf.
- Es ist sehr aufwendig und teuer, das ganze Haus mit einer zweiten Ziegelhaut (Vormauerschale) zu versehen und empfiehlt sich nur, wenn die Außenwände ohnehin zu dünn und von der Wärmedämmung her so mangelhaft sind, daß die anfallenden Baukosten über die eingesparten Heizkosten wieder hereinkommen.
- Bei einzelnen Schadstellen im Ziegelmauerwerk können Sie die kaputten oder beschädigten Ziegel vorsichtig ausstemmen und neue Steine einsetzen.
- Bevor Sie das Ziegelmauerwerk gegen Durchfeuchtung imprägnieren, sollten Sie es mit einem Dampfstrahl reinigen.
- Als Fassadenverkleidung eignen sich: eine davorgemauerte Wand aus Mauerziegeln, an das tragende Mauerwerk angesetzte Spaltklinker, glasierte Asbestzementtafeln, die auf ein Lattenrost aufgeklebt werden, auf ein Lattenrost genagelte Asbestzementschiefer oder eine spezielle Thermohaut, die aufgeklebt und dann verputzt wird.
- Eine der häufigsten Ursachen für Beschädigungen im Mauerwerk ist die durch Regenrinnen oder Fallrohre austretende Nässe. Reinigen Sie diese von Zeit zu Zeit von Laub und anderen Gegenständen, die zu Verstopfungen führen können.

Die Maurer, die Maurer …

Die besten Tips
für Maurerarbeiten

Maurerarbeiten

Durchbrüche

- Das Zusammenlegen von kleinen Räumen durch einen Mauerdurchbruch kann den Wohnwert erheblich steigern und dazu beitragen, funktionelle Abläufe in der Wohnung zu verbessern. Trotzdem sollten Sie vor einem Mauerdurchbruch immer einen Fachmann befragen.
- Wichtig sind dabei vor allem die Fragen:
  - Laufen an der Stelle des geplanten Durchbruchs Leitungen?
  - Steht im Stockwerk darüber auf dem geplanten Durchbruch eine Stütze?
  - Ist die zu durchbrechende Wand eine tragende oder zumindest eine statisch belastete?
- Bei älteren Häusern gilt folgende Regel: Alle Wände ab 24 cm Dicke sind tragend.
- Ohne fremde Hilfe – nach Befragung eines Statikers oder anderen Fachmannes – sollten Sie nur Durchbrüche bis zu 1 m Breite ausführen. Öffnungen, die breiter sind, sollten nur von gelernten Maurern durchbrochen werden.

Trennwände

- Da Trennwände statisch zumeist noch schwieriger zu bewältigen sind als Durchbrüche, ist das Hinzuziehen eines Statikers unumgänglich.
- Generell gilt, daß auf Holzfußböden nur hölzerne Trennwände hochgezogen werden sollten, da sonst die Last zu groß wird und Risse nicht vermieden werden können. Ansonsten gehören Holz-Trennwände zu den Heimwerkerarbeiten, die auch ohne große Vorbildung ausgeführt werden können.
- Bei den Trennwänden aus Stein können Sie zwischen einer massiven Trennwand aus Gasbetonsteinen, einer einschaligen und einer zweischaligen Leichtbautrennwand wählen.
- Unebene Wände werden mit Gipskarton- oder Spanplatten ausgeglichen.

Feuchtigkeitsschäden im Mauerwerk

- Feuchtigkeitsschäden erkennen Sie an den wolkenförmigen Verschmutzungen der Putzoberfläche.

- Im Keller sind Durchfeuchtungen beinahe nicht zu vermeiden. Sie schaden dem tragenden Mauerwerk aber nicht. Nur, wenn Sie Hausschwamm oder Schimmel feststellen, muß eine Fachfirma zur Renovierung hinzugezogen werden. Denn Hausschwamm zerstört auf Dauer die gesamte Konstruktion.
- Klären Sie vor Reparatur- bzw. Renovierungsarbeiten zunächst folgende Fragen:
  – Dringt die Feuchtigkeit durch das Dach ein?
  – Dringt die Feuchtigkeit durch die Fassade von außen ein?
  – Können die Schäden auch durch eine defekte Installation entstanden sein?
  – Sind hinter der von innen angebrachten Wärmedämmung Durchfeuchtungsschäden verborgen?
- Feuchtigkeit läßt sich nicht einfach durch einen Isolieranstrich beseitigen. Sie müssen unbedingt die Ursachen herausfinden, ehe Sie den Schaden beheben können.
- Und selbst nach der Behebung des Schadens kann es noch Monate dauern, bis die Wände wieder völlig trocken sind.
- Die wichtigste Voraussetzung dafür ist gutes Lüften.

Mauerwerk ausbessern

- Es gibt vier Arten von Mauerbeschädigung. Stellen Sie zunächst die Art und Ursache der Beschädigung fest: Sind es einzelne poröse Ziegel, die ersetzt werden müssen, oder liegen Setz- oder Schrumpfrisse vor? Oder lagern sich auf einzelnen Ziegeln weißliche »Ausschläge« ab?

Schadhafte Ziegel

- Sie werden mit dem Fäustel und dem Maurermeißel soweit aus dem Mauerwerk ausgestemmt, bis Sie auf gesundes Material stoßen. Nicht vergessen, auch die Fugen rund um den oder die kaputten Steine aushöhlen. Bei diesen Arbeiten sollten Sie einen Augenschutz tragen. Danach die Schadstelle mit einem Pinsel säubern. Wenn der Ziegel nur teilweise beschädigt ist, können Sie das Loch auch mit einem halbierten Ziegel verschließen, den Sie sorgfältig einmauern. Nach dem Einsetzen neuer Steine entweder die ganze Wand neu verputzen oder mit Zementfarbe überstreichen. Wenn Ziegelsteine in

Bodenhöhe zerstört sind, das Erdreich um die Schadstelle entfernen, die kaputten Steine ersetzen und einen Putzsockel aufbringen, der nicht nur die neuen Steine abdeckt, sondern auch rund 40 cm die Wand hochreicht. Sie verhindern so ein weiteres Eindringen von Feuchtigkeit. Mischen Sie dem Zementmörtel wasserabweisende Zusätze bei. Oder streichen Sie den Putz nach dem Erhärten mit einem wasserdichten Anstrich.

Setzrisse

- Wenn das Fundament nachgibt, zeigen sich zumeist an den Anschlußstellen durchlaufende Risse im Mauerwerk. Stellen Sie zunächst fest, ob das Setzen der Mauer aufgehört hat oder nicht.
- Dafür gibt es zwei Methoden: Überbrücken Sie den Riß mit Stuckgips. Wenn das Mauerwerk weiter reißt, wird auch er auseinanderbrechen. Oder aber kleben Sie eine Glasscheibe mit einem Spezialkleber über die Bruchstelle. Wenn sich der Riß weiter verbreitert, wird das Glas zerbrechen, weil es nur eine geringe Zugfestigkeit besitzt.
- Wenn Sie nun feststellen, daß sich die Setzrisse vergrößern, erweitern und fortsetzen, sollten Sie einen Baufachmann hinzuziehen.

Schrumpfrisse

- Durch das Austrocknen von Steinen und Mörtel kann gerade neues Mauerwerk einem gewissen Schrumpfungsvorgang ausgesetzt sein. Die Mauer bleibt dabei aber trotz Rissen intakt und tragfähig bzw. haltbar.
- Die Risse auskratzen, eventuell gerissene Ziegel herausmeißeln. Aus 1 Teil Zement, 2 Teilen Kalk und 9 Teilen Sand mit normaler Körnung einen Mörtel anmischen und den Riß ausgießen bzw. neue Steine einmauern.

Die besten Tips für das richtige Material

Beton

- Beton besteht aus einer Mischung aus Zement, feinen und gröberen Zuschlagstoffen (Sand und Kies oder Splitt) sowie Wasser.

- Es gibt vier Zement-Arten. Die häufigste ist der Portlandzement, ein hellgraues Pulver, das normalerweise in Zentnersäcken angeboten wird. Heimwerker können Portlandzement aber auch in kleineren Mengen kaufen.
- Der weiße Zement eignet sich vor allem für hellen Putz und für helle Fugen in Mauerwerk aus farbigen Mauersteinen oder Klinkern.
- Farbigen Zement sollten Sie verwenden, wenn Sie farbige Platten herstellen oder mit farbigem Putz arbeiten wollen.
- Schnellbindender Zement eignet sich insbesondere für Maurerarbeiten bei kaltem oder nassem Wetter. Oder wenn Sie Betonarbeiten in einem feuchten Terrain ausführen müssen, in dem etwa das Grundwasser sehr hoch steht.
- Die Qualität des Betons hängt nicht zuletzt vom Zuschlagmaterial ab, also davon, ob Sie feinen Sand oder groben Kies verwenden.
- Am haltbarsten ist Steinschlag. Er besteht aus gebrochenem Felsgestein und ist scharfkantig. Dieses Material ist allerdings schwerer zu verarbeiten als Kies oder Sand.
- Ebenfalls sehr harten Beton ergibt der Zuschlagstoff Splitt, der sich leichter verarbeiten läßt.
- Für den Heimwerker eignen sich besonders zwei Betonmischungen, die unter der Bezeichnung B 120 und B 80 bekannt sind:
  – Beton 120 wird zur Herstellung von Fuß- und Fahrwegen sowie für stark belastete Fundamente und Böden verwendet.
  – Beton 80 ist sogenannter Magerbeton und eignet sich für Fundamente, Unterböden u. ä. m.
- Heimwerker können sich das mühselige Mischen der Zuschlagstoffe ersparen. Die meisten Lieferanten verfügen über eigene Misch- und Siebanlagen und können die erforderliche bzw. erwünschte Mischung herstellen.
- Beim Erstellen des Betons so wenig Wasser wie möglich verwenden. Für das Erhärten des Betons durch chemische Vorgänge ist nur ein Bruchteil des Wassers erforderlich, das überschüssige Wasser verdunstet während der Trocknungsphase. Die ideale Mischung ist ein Teil Wasser auf vier Teile Zement. Hierbei wird alles Wasser im Härtungsprozeß ver-

braucht. Da sich diese Regel aber nur selten einhalten läßt, verwenden Sie am besten nur soviel Wasser, daß sich die Mischung ohne allzu große Anstrengung verarbeiten läßt.

Mörtel

- Man unterscheidet zwischen Mauer- und Putzmörtel. Während ersterer für die Festigkeit von Wänden, Decken, Böden usw. sorgt, dient zweiterer zum Verputzen, sozusagen als Außenhaut des Mauerwerks.
- Neben dem Verwendungszweck als Unterscheidungsmaterial gibt es auch noch Unterschiede im Bindematerial. Es kann reiner Zement oder Kalk sowie auch eine Mischung aus beiden sein.
- Zementmörtel bindet schnell und wird äußerst fest. Ein gewisses Schrumpfen während des Erhärtungsvorganges und das Setzen können allerdings Risse verursachen.
- Kalkmörtel erhärtet langsam und gilt als geschmeidig. Beim Abbinden kommt es zu keinen Rissen, beim Schrumpfen nur zu sehr feinen. Durch den Kalk wird verhindert, daß die Ziegel dem Mörtel das Wasser zu schnell entziehen.
- Kalkzementmörtel ist, wie der Name bereits sagt, eine Mischung aus beiden Bindeelementen. Der Zement sorgt für die große Festigkeit, während der Kalk die Schrumpfung vermindert und den Mörtel geschmeidig hält.
- Mit verschiedenen Mörtelzusätzen können Sie die Frostsicherheit sowie die Schnelligkeit des Erstarrens beeinflussen.
- Das ideale Mischungsverhältnis von Mörtel ist ein Teil Bindemittel auf drei Teile feine Zuschlagstoffe, meistens Sand.
- Für das Verputzen von Außenwänden oberhalb des Bodens verwenden Sie am besten Kalkzementmörtel, für Mauerwerk, das in den Boden hineinreicht, wasserdichten Zementmörtel. Innenwände sollten Sie dagegen besser mit reinem Kalkmörtel verputzen. Sie haben weniger Mühe mit dem Anbringen von Nägeln oder Haken, weil dieser Putz nicht springt.

Die richtigen Steine für jeden Zweck

- Seit 1951 müssen alle Steine und Ziegel in ihren Abmessungen, also Höhe, Breite und Länge, zueinanderpassen, und zwar ohne Materialverlust.

- Vier Verblendklinker im Dünnformat sind genauso hoch wie drei Ziegel im Normalformat (NF), zwei Hochlochziegel des eineinhalbfachen NF oder ein Hohlblockstein.
- Klinker sind sehr harte, gebrannte Ziegel, deren Oberfläche durch den Schmelzvorgang fast glasartig dicht ist. Sie saugen Feuchtigkeit nur schwer auf und sind deshalb auch nicht ganz einfach zu verarbeiten. Man verwendet sie als Verblendsteine vor unverputzten Wänden, für Böden und sehr stark belastete Mauerteile, etwa für Stütz- oder Trägerpfeiler sowie für Widerlager.
- Mauerziegel ist der Sammelbegriff für alle aus Lehm oder Ton gebrannten Steine. Es gibt sie in verschiedenen Formaten und Ausführungen. Je nach Festigkeit werden sie für tragende oder unbelastete Mauern verwendet. Sie eignen sich für den Heimwerker insbesondere wegen ihrer guten Luftdurchlässigkeit und Isoliereigenschaft bei zumeist gleichzeitig vorhandener hoher Tragfestigkeit.
- Kalksandsteine bestehen aus einem unter Dampfdruck erhärteten Gemisch aus Kalk und Sand. Es gibt sie in verschiedenen Formaten und Formen. Da sie nicht so luftdurchlässig sind, werden sie hauptsächlich bei Innenwänden verarbeitet, wobei ihre scharfen Kanten und ihre Maßgenauigkeit für den Heimwerker einen unüberschätzbaren Vorteil bedeuten.
- Bimsbetonsteine gibt es zumeist als Hohlblocksteine. Wegen ihrer Größe läßt sich mit ihnen eine Wand schnell aufziehen. Sie gelten als gutes Material für verputzte Mauern.
- Gas- oder Schaumbetonsteine bestehen aus feinkörnigem, unter Dampfdruck erhärtetem Mörtel, dem schaum- oder porenbildende Stoffe beigemengt wurden. Es gibt sie in der Regel als großformatige Vollsteine. Sie sind leicht, besitzen gute Isoliereigenschaften und können gesägt, genagelt und geschraubt werden. Es gibt sie auch als Hohlblocksteine zu kaufen.
- Fertigbetonteile gibt es in den verschiedensten Formen und für alle möglichen Zwecke zu kaufen. Es gibt Betonmauersteine für verputzte Bauten und Verblend- oder Sichtsteine in

unterschiedlichen Farben und mit verschiedenen Oberflächen. Beliebt sind auch die Ornamentsteine aus Beton, die es in diversen Ausführungen beim Fachhandel gibt.

Natur- und Werksteine

- Es gibt sie in folgenden Ausführungen: Als gesägte oder geschliffene Natursteine sind sie relativ teuer, da sie auf Bestellung in den gewünschten Formaten geliefert werden. Hammerechte Steine werden noch im Steinbruch vom Steinmetz nach Ihren Vorstellungen oder Werkzeichnungen grob behauen. Bruchsteine dagegen verlassen den Steinbruch so, wie sie gewonnen werden. Sie sind deshalb am billigsten, eignen sich aber nur für wenige Zwecke.
- Granit ist ein gerne verwendeter, sehr harter Stein, der sich gut polieren läßt und dicht ist. Granit ist nicht gerade billig. Er wird für Sockel, bei der Mauerverblendung und für Treppenstufen verwendet.
- Kalkstein gibt es, je nach Beschaffenheit, in unterschiedlicher Härte, Beständigkeit und Dichte. So ist zum Beispiel Jurakalk dichter als Muschelkalk. Dieser aber enthält oft Abdrükke von Muscheln und wirkt deshalb dekorativ. Kalkstein ist für Verblendungen, Treppen, Gartenmauern und Sockel geeignet.
- Marmor ist eine Kalksteinart, die besonders gut zu polieren ist. Marmor gibt es in fast allen Farbschattierungen mit den unterschiedlichsten Mustern. Er wird bei der Verblendung, für Treppenstufen, Böden, Tischplatten und Fenstersimse gerne verwendet. Sehr dekorativ.
- Sandstein ist ein sehr beständiges Gestein, das je nach Zusammensetzung und Menge seiner mineralischen Bestandteile in den verschiedensten Farben angeboten wird. Sandstein eignet sich vorzüglich für Gartenmauern, Treppen oder Bodenplatten.
- Von den meisten Natursteinen gibt es auch künstlich nachempfundene Steine, die den echten zwar ähnlich, aber wesentlich billiger sind.

Das kleine Einmaleins für Werkzeuge und Materialien

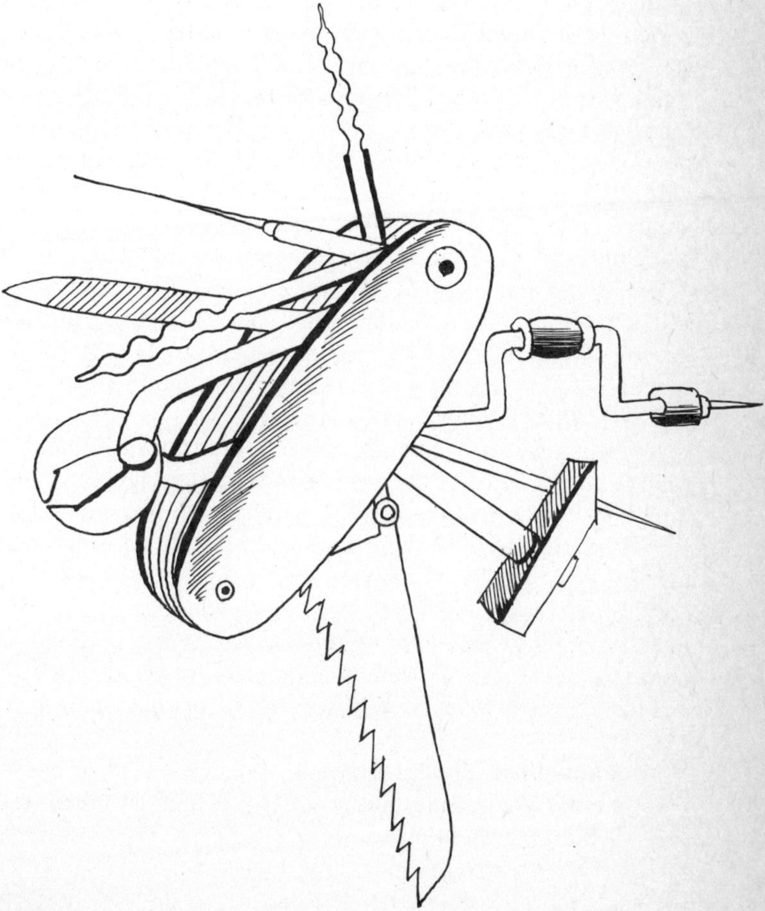

Beitel

– Hohlbeitel: Aus Chrom-Vanadium-Stahl. Die Schneiden sind 8 oder 13 mm breit. Das Hartholzheft besitzt Zwinge und Schlagring.

– Stechbeitel mit ungeschärften, 8 und 16 mm breiten Schneiden. Hartholzhefte mit Zwinge und Schlagring.

– Stechbeitel aus gehärtetem Stahl mit 10, 16 und 30 mm breiten, fein geschliffenen Schneiden. Hier sind die Griffe zumeist aus Kunststoff.

– Kerbschnitzerbeitel gibt es mit den Schneidenformen flach, schräg, mittelhohl und tiefhohl.

– Drechslerbeitel: Ihn gibt es als Flachschaber oder als Abstechbeitel. Je länger der Griff ist, desto besser ist die Führung.

Bohrer

Holzbohrer

- Schrauben sitzen nur dann gut, wenn sie in ein passendes und vorgefertigtes Schraubenloch eingedreht werden können. Für kleinere und mittlere Schrauben genügen Vorstecher und Nagelbohrer zum Vorbohren.
- Vorstecher gibt es mit runder und kantiger Klinge. Sie werden mit der Hand ins Holz gedreht.
- Nagelbohrer gibt es in verschiedenen Größen. Sie erzeugen beim Bohren einen vorstehenden Rand um das Bohrloch, der wieder abgeschliffen werden muß. Da eine Schraube immer dem vorgebohrten Loch folgt, den Nagelbohrer beim Bohren unbedingt gerade halten.
- Schneller und genauer bohren können Sie mit der sogenannten Bohrwinde. Außerdem können Sie mit ihr sogar stärkere Bohrer verwenden als bei den meisten elektrischen Bohrmaschinen.
- In Bohrwinden mit Vierbackenfutter können Sie Bohrer mit jedem Schaft einspannen. Futter mit drei Backen halten auch noch zylindrische Schäfte, während solche mit zwei nur vierkantige Schäfte festhalten können.

– Sauber bohren können sie mit dem Forstnerbohrer. Sie eignen sich besonders für flache Bohrungen, verlangen aber starken Druck.

– Große und flache Löcher bohrt man am besten mit Zentrumbohrer. Geeignet für alle Sperrholzarten, bei tiefen Bohrungen wandert er leicht.

– Den Versenker brauchen Sie zum Ausbohren von Öffnungen, in denen Nägel oder Schrauben versenkt werden sollen.

- Handbohrmaschine. Mit ihr arbeiten Sie zwar langsamer als mit einer elektrischen, dafür ist sie aber leichter zu kontrollieren und überall zu gebrauchen. Die meisten Handbohrmaschinen fassen Bohrer bis 8 oder 10 mm Durchmesser.
- Spiralbohrer, Holz-Maschinen-Spiralbohrer und Versenker gibt es in verschiedenen Längen und Stärken. Sie können in alle Handbohrmaschinen eingespannt werden. Die Schaftstärke darf allerdings nicht die Spannweite des Futters übersteigen.

Metallbohrer

- Auch hier verwendet man Spiralbohrer, die in Hand- oder Elektrobohrmaschinen eingesetzt werden. Es gibt zwei Sorten – bei verschiedenen Stärken und Ausführungen: Die Bohrer aus gehärtetem Werkzeugstahl verlieren ihre Härte und damit ihre Brauchbarkeit relativ schnell, wenn sie zu heiß werden. Bohrer aus Schnellschnittstahl (SS-Stahl) sind zwar teurer, aber in jedem Fall haltbarer.
- Zum Versenken von Schrauben verwenden Sie sogenannte Versenkbohrer mit einem Spitzwinkel von 60 Grad.
- Zum Ausschneiden von Scheiben oder Bohren von großen Löchern in dünnes Metall benutzen Sie einen Kreisschneider mit verstellbarem Durchmesser.
- Wenn Sie in dünnes Metall große Löcher bohren wollen, können Sie auch mit sogenannten Lochsägen arbeiten, für die es verschiedengroße kreisrunde Sägeblätter gibt. Immer mit einem niedrigen Gang der Bohrmaschine bohren.

Elektrowerkzeuge

- Bei allen Elektrowerkzeugen, die dem Heimwerker heute in großer Auswahl angeboten werden, ist das Wichtigste die Antriebsmaschine. Ob Sie sich für einen ortsfesten Bohrmotor oder eine mobile Maschine – in den meisten Fällen eine elektrische Bohrmaschine – entscheiden, hängt von den Arbeiten ab, die Sie damit ausführen wollen. Generell gilt: Eine bewegliche Maschine ist vielseitiger, weil man sie auch fest installieren kann, eine ortsfeste dagegen ist nur schwerlich und mit großem Aufwand zu bewegen.

- Bedenken Sie beim Kauf der Maschine, daß Sie wegen der verschiedenen Normen der Elektrowerkzeuge alle Zusatzeinrichtungen stets passend zu Ihrem Hauptwerkzeug kaufen müssen.
- Welche Maschinen Sie sich letztlich anschaffen, hängt von Ihrem Geldbeutel ab. Als Regel gilt: Je stärker eine Maschine ist, desto mehr können Sie mit ihr anfangen. Und: Zwei- und Mehrgangmaschinen haben gegenüber den Eingangmaschinen immer den Vorteil der größeren Vielseitigkeit.
- Wenn Sie mit der Maschine auch Löcher in Betonwände und -decken, in Ziegel, Stein oder Keramikfliesen bohren wollen, sollten Sie unbedingt eine Maschine mit Schlagbohreinrichtung erwerben.

Tips für den richtigen Umgang mit einer Bohrmaschine

- Beim Bohren die Maschine immer genau senkrecht halten. Am besten einen Bohrständer (Bohrsäule) benutzen.
- Dübellöcher am besten mit der sogenannten Bohrlehre bohren, die es in vielen verschiedenen Ausführungen zu kaufen gibt.
- Wenn Sie weder Bohrständer noch Bohrlehre haben, stellen Sie einen Anschlagwinkel neben die Bohrmaschine. So können Sie auch kontrollieren, ob Sie senkrecht bohren.
- Beim Sägen sollte der Motor immer mit Höchstgeschwindigkeit laufen. Schalten Sie ihn deshalb bereits an, bevor Sie mit dem Sägen beginnen. Führen Sie die Säge nur mit leichtem Druck, sie soll sich fast von selbst durchs Holz fressen.
- Wenn die Säge immer wieder klemmt, ist entweder das Sägeblatt stumpf geworden oder aber zu wenig geschränkt. Abhilfe schaffen. Übrigens: Beim Klemmen der Säge sofort abschalten.

Feilen

- Für Feinarbeiten brauchen Sie bei Holz und Metall Feilen. Es gibt verschiedene Hiebe, wie die Zahnung auf dem Feilenblatt genannt wird. Als Regel gilt: Je feiner der Hieb, desto glatter die befeilte Fläche.
- Die häufigsten »Hiebe« sind der Raspelhieb mit Einzelschneiden, der Doppel- oder Kreuzhieb und der Einfachhieb.
- Für Hartmetalle eignen sich einhiebige oder Kreuzhiebfeilen, für Weichmetalle Feilen mit grobem oder Raspelhieb mit einzel stehenden Schneiden.
- Beim Feilen sind die richtige Haltung des Körpers, der Feile und deren zweckmäßigste Führung wichtig. Stoßen Sie die Feile mit ihrer ganzen Länge unter Druck vorwärts und ziehen Sie sie ohne Druck zurück. Ein zu hoch oder zu niedrig gehaltener Ellenbogen läßt die Feile schaukeln, was zu gewölbten Feilflächen führt.

Hammer

- Der Klauenhammer ist für alle Holzarbeiten unentbehrlich.
- Der Schreinerhammer eignet sich besonders gut für leichte Holzarbeiten.
- Der Glaserhammer ist der leichteste Hammer. Mit ihm lassen sich kleine Stifte und Messingnägel mühelos eintreiben. Er kann auch bei normalen Glaserarbeiten eingesetzt werden.
- Der Magnethammer kann anstelle des Glaserhammers verwendet werden. Sein Kopf hält kleine Stahlstifte und -nägel fest.
- Beim Holzhammer ist der Kopf aus Holz. Er wird für das Festklopfen von Platten und ähnlichem verwendet, wenn das festzuklopfende Stück nicht beschädigt werden soll. Wichtig u.a. bei Betonarbeiten und beim Verlegen von Platten.
- Der Maurerhammer ist ein Spezialwerkzeug, mit dessen scharfer Kante (Finne) sich Ziegelsteine auf das gewünschte Format zurechtschlagen lassen.
- Der Maurerfäustel ist ein schwererer Hammer mit einer übergroßen Kopffläche. Er eignet sich besonders gut für alle Arbeiten, bei denen mit dem Meißel etwas herausgestemmt werden soll.

Hobel

- Es gibt eine Vielzahl von Hobeln in den verschiedensten Formen, Ausführungen und Größen für alle nur erdenklichen Aufgaben. Die einfachste Arbeit, für die sich ein Hobel eignet, ist das Herstellen von glatten, ebenen Holzflächen nach Maß. Der Schreiner benutzt dafür drei verschiedene Fausthobeltypen, bei denen die Eisen unterschiedlich weit heraussstehen: Für die erste Grobarbeit den Schropphobel, für das mittelfeine Glätten der Oberfläche den Schlichthobel und schließlich die Rauhbank, mit der sich ganz dünne Späne abheben lassen. Der Heimwerker kommt in der Regel mit dem sogenannten Doppelhobel aus, der in jedem Fachgeschäft erhältlich ist.
- Universalhobel: Mit ihm lassen sich fast alle Hobelarten durchführen. Das Messer reicht über die ganze Hobelsohle.

Meißel

- In keinem Heimwerkersortiment sollten Meißel fehlen. Es gibt verschiedene Sorten. In der Regel genügt ein flacher Schloßerkaltmeißel von 25 cm Länge für die meisten Arbeiten. Sie können mit dem Meißel Metall durchtrennen, Nieten lösen, verrostete Schraubenköpfe abschlagen oder Vertiefungen in Holz oder Mauerwerk meißeln.
- Das Werkstück für Meißelarbeiten immer fest einspannen.
- Kreuzmeißel dienen zum Herausschlagen von Vertiefungen oder zum Aufsprengen festgerosteter Muttern.
- Halbrunde und gerade Nutenmeißel werden zum Nacharbeiten oder Erweitern von in Metall gefrästen Nuten ebenso verwendet wie zum Herausschlagen von Vertiefungen oder Ausstechen einer Rinne.
- Spitzmeißel benutzt man zum Säubern von Ecken, und Stein-Spitzmeißel zum Ausstemmen kleiner Löcher im Mauerwerk.
- Steinmeißel eignen sich vorwiegend nur für Arbeiten im Mauerwerk.

Meßwerkzeuge

- Das Wichtigste für jeden Heimwerker ist das genaue Aus- und Abmessen, Auf- und Anzeichnen und Anreißen der

Werkteile und Arbeiten, die dann ausgeführt werden sollen. Hierfür gibt es eine Fülle von Werkzeugen.

- Anschlagwinkel und Winkelhaken sind unerläßliche Werkzeuge zum exakten Anzeichnen und Nachprüfen rechter Winkel.
- Mit Kombinationswinkeln aus Metall können Sie Außen- und Innenwinkel sowie rechte Gehrungen (45 Grad) zeichnen und prüfen. Die Feststellschraube muß fest angezogen sein. Beim Innenwinkel den Anschlag ans Schienenende schieben und etwas überstehen lassen, damit kleine Unebenheiten in der Ecke die Schiene nicht behindern.
- Eine große Erleichterung beim Anzeichnen oder Anreißen von Linien und Strichen, die parallel zu Kanten verlaufen, ist das sogenannte Streichmaß. Es besteht aus einem oder zwei Stäben und einem Anschlag, in dem sie je nach der abzumessenden Breite verschoben und dann festgestellt werden können. Der Riß wird durch besondere Stahlstifte im Kopf der Stäbe markiert.
- Ein ebenfalls unentbehrliches Werkzeug ist der Gliedermaßstab, den es in Längen von 1 und 2 m gibt, geeicht und ungeeicht, mit durchgenuteten Beschlägen an den Gelenken und ohne. Auch nützlich sind Stahlrollbandmaße von 1 oder 2 m Länge, die sich bequem in der Hosentasche unterbringen lassen.
- Stahllineale gibt es von 40 bis 200 cm.
- Die Horizontale überprüfen Sie mit der Wasserwaage, von der ebenfalls viele verschiedene Typen angeboten werden. Sie können damit freilich auch lotrechte (senkrechte) Richtungen kontrollieren, etwa bei Mauerwerken.
- Die Schieblehre ist ein unentbehrliches Werkzeug zum genauen Messen von Innen-, Außen- und Tiefenmaßen. Ihre Meßgenauigkeit liegt bei ein Zehntel bis ein Zwanzigstel Millimeter.
- Stechzirkel dienen zum Abgreifen mehrfach wiederkehrender Maße ebenso wie zum Anreißen von Kreisen, gebogenen und parallelen Linien, zur Teilung und Übertragung von Strecken. Besonders genau ist der Federzirkel mit Stellschraube.

Nägel

- Drahtnagel mit Senkkopf: Die Köpfe können geriffelt oder glatt sein. Da sie schnell das Splittern von Holz bewirken, sollten sie nur für Rohbefestigungen verwendet werden. Länge: 0,7 bis 31 cm.
- Drahtnagel mit Stauchkopf: Speziell für Schreinerverbindungen geeignet. Der Kopf kann versenkt und zugekittet oder überspachtelt werden. Länge: 0,7 bis 10 cm.
- Stahlhaken: Vielseitig verwendbar; weist eine gute Festigkeit in Bimsmauerwerk und Holz auf. Bei großen Dicken empfiehlt es sich, ein Loch vorzubohren. Länge: 0,4 bis 10 cm.
- Schraubnagel mit Senkkopf: Zum Befestigen von Holz-, Spanplatten und Blindfußböden geeignet. Der Nagel läßt sich nur sehr schwer wieder ausziehen. Länge: 2,5 bis 10 cm.
- Breitkopfnagel: Zum Befestigen von Blechen, Pappe und Platten aller Art auf Holz oder leichtem Mauerwerk geeignet. Länge: 0,7 bis 4,5 cm.
- Stahlstift mit Senkkopf: Eignet sich zum Anschlagen von Span- und Sperrplatten, Leisten und Profilen auf Holz und leichtem Mauerwerk. Länge: 2 bis 6 cm.
- Tapeziernagel: Ist wegen seines großen, glatten Kopfes besonders zum Befestigen von Polsterbezügen, Dekorstoffen, Bodenbelägen u. ä. geeignet. Länge: 0,9 bis 2,4 cm.
- Polsternagel: Besitzt einen dekorativen Kopf und eignet sich deswegen zum Befestigen von Polsterbezügen oder zum Abdecken von Tapeziernägeln. Länge: 0,8 bis 2,5 cm; Kopfdurchmesser: 0,3 bis 1,2 cm.
- Gehärteter Stahlnagel: Eignet sich zum Befestigen von Blechen, Platten und Latten auf Bims- und Ziegelstein sowie Leichtbeton. Länge: 2 bis 15 cm.
- Nirosta-Nagel: Wegen seines nichtrostenden Stahls besonders gut im Freien zu verwenden. Eignet sich zum Befestigen von Verkleidungen, Verschalungen u. ä. Länge: 2 bis 6 cm.
- Sternfensternagel: Eignet sich zum Sichern verleimter Rahmenecken. Der Nagel besteht aus Leichtmetall und besitzt keinen Kopf. Er kann leicht bündig geschliffen oder gefeilt werden. Länge: 0,5 bis 6 cm.
- Glockennagel: Eignet sich zum Befestigen von Wellplatten

aller Art. Besitzt eine Neoprenscheibe. Soll der Nagel durch Wellenberge des zu befestigenden Materials getrieben werden, empfiehlt es sich, ein Loch vorzubohren. Länge: 7 bis 11 cm.

- Setzbolzen: Es gibt ihn in den verschiedensten Ausführungen mit Haken, Ösen usw. Er wird mit einem Schußapparat in Stahl, Beton u. ä. eingeschossen. Länge: 2 bis 12 cm.
- Verbandstift: Wird als Dübel zum Verbinden von zwei Holzteilen verwendet. Zunächst in ein Teil einsetzen, dann auf das andere aufklopfen. Länge: 2 bis 7 cm.
- Schildernagel: Eignet sich für Befestigungen in Beton, Ziegel u. ä. Vorbohren oder Dübeln ist nicht erforderlich. Der Nagel ist galvanisiert und hat eine geschliffene Spitze. Länge: 2,5 bis 6,5 cm.
- Wellennagel: Eignet sich für einfache L- und T-Verbindungen, kann aber nicht stark belastet werden. Länge: 0,9 bis 1,6 cm; Breite: 5 cm.
- Krampe (Schlaufe): Eignet sich für schnelles und sicheres Befestigen von Drahtzäunen auf Holzpfosten. Es gibt verschiedene Formen und Breiten. Länge: 1,5 bis 4,5 cm.
- Leichtbauplattennagel: Eignet sich zum Befestigen von Bauplatten auf Holz oder leichtem Mauerwerk. Die Kopfplatte ist rund oder quadratisch. Länge: 4 bis 8 cm.
- Heftklammern: Zum Befestigen von Stoffen, Papier und Pappe auf Holz oder leichtem Mauerwerk. Wird zumeist als Klammernstab mit Heftapparaten (Tacker) verwendet. Es gibt verschiedene Größen.

Sägen (siehe Seite 16)

Schrauben

Holzschrauben

- Der Durchmesser einer Schraube wird unterhalb des Kopfes gemessen. Handelsüblich sind Stärken zwischen 1,4 und 10 mm. Die Längenangaben bezeichnen den ins Holz ragenden Teil, bei Senkholzschrauben also die ganze Schraube, bei Halbrundschrauben naturgemäß nur den Schaft ohne den Kopf.

- Senkholzschraube (Flachkopf): Für Verbindungen aller Art und zum Befestigen von Beschlägen geeignet. Bis zur Holzoberfläche eindrehen oder etwas tiefer versenken. Länge: 0,7 bis 15 cm; Durchmesser: 1,4 bis 10 mm.
- Kreuzschlitzschraube: Spezialschrauben für schwer zugängliche Stellen. Länge: 0,5 bis 7 cm; Durchmesser: 2,6 bis 10 mm.
- Halbrundholzschraube: Für die Befestigung von Beschlägen ohne Senkloch. Die von der Werksoberfläche abstehenden Schraubenköpfe wirken besonders dekorativ, wenn die Schlitze in gleichen Abständen und in gleicher Richtung stehen. Länge: 0,7 bis 13 cm; Durchmesser: 1,4 bis 10 mm.
- Blendrahmenschraube: Zum Befestigen von Leisten und Brettern an Mauerwerk geeignet. Sie kann sowohl eingemauert wie auch in Bohrlöchern eingegipst werden. Die Hülsenlänge beträgt 8 cm, die Schraubenlänge 6 cm und der Durchmesser des Gewindes 1 cm.
- Schlüsselschraube: Für stabile Konstruktionen wie etwa Werkbänke oder Rahmen aus Kantholz geeignet. Sie wird mit einem Schraubenschlüssel angezogen. Länge: 2 bis 20 cm; Durchmesser: 4 bis 20 mm.
- Blechschraube: Sowohl für Blechverschraubungen aller Art wie auch zum Befestigen von Kunststoffplatten geeignet. Die Schrauben sind feilhart gehärtet und schneiden sich ihr Muttergewinde selbst. Länge: 0,65 bis 5 cm; Durchmesser: 2,2 bis 6,3 mm.
- Ringschrauben und Schraubhaken: Zum Aufhängen von Gegenständen und zum Befestigen von Verschlüssen geeignet. Es gibt die verschiedensten Formen und Größen in folgenden Ausführungen: gerade; gerade mit Schild; gebogen; gebogen mit Schild; halb gebogen mit Schild; Ringschraube; Vorreiher; Sturmhaken.

Metallschrauben

- Maschinenschrauben: Es gibt sie mit Vier- und Sechskantköpfen. Für leichte Baukonstruktionen oder Rahmengestelle geeignet. Länge: 1,6 bis 60 cm; Durchmesser: 5 bis 24 mm.
- Flachrundschraube mit Vierkantansatz (Schloßschraube):

Eine Universalschraube für leichte und schwere Holzarbeiten. Der Vierkant unter dem Kopf verhindert, daß sich die Schraube beim Anziehen der Mutter wieder aufdreht. Länge: 1,6 bis 60 cm; Durchmesser: 5 bis 20 mm.

- Eisengewindeschrauben: Für kleinere, leichte Holz- und Metallarbeiten geeignet. Bei dünnem Material nach Möglichkeit keine Senkschrauben verwenden, weil sich diese nicht fest anziehen lassen. Länge: 0,2 bis 6 cm; Durchmesser: 1 bis 10 mm.
- Steinschraube: Zum Befestigen von Konstruktionen auf Betonfundamenten geeignet. Das aufgetriebene Ende wird einbetoniert, während Schaft und Gewinde frei bleiben. Länge: 8 bis 50 cm; Durchmesser 8 bis 20 mm.
- Steinanker (Dübel mit Maschinenschraube): Zum Befestigen an Ziegel-, Beton- und Bimssteinwänden geeignet. Der Nylon- oder Stahlmantel wird beim Eindrehen der Schraube an die Seitenwände des Bohrlochs gepreßt. Länge: 5,5 bis 15 cm; Durchmesser: 6 bis 16 mm.

Muttern

- Die Gewinde von Schraube und Mutter müssen identisch sein, sonst werden sie beim Anziehen der Mutter zerstört. Es gibt diverse Gewindeformen. Die häufigste Gewindeform ist die metrische, die grob oder fein sein kann. Selbstsichernde Muttern werden bei allen Schraubverbindungen eingesetzt, die Vibrationen ausgesetzt sind. Sie lösen sich im Gegensatz zu einfachen Muttern auch bei starken Rotationen oder Vibrationen nicht. Die häufigsten Mutternformen sind: Sechskantmutter, Vierkantmutter, flache Vierkantmutter, Nutmutter, Hutmutter, Flügelmutter, Kronenmutter mit Splint und die selbstsichernde Sechskantmutter.

Unterlegscheiben

- Unterlegscheiben schützen sowohl die Werksoberfläche wie sie auch das Eindrehen der Schrauben erleichtern. Der Innendurchmesser der Unterlegscheibe sollte nur ein wenig größer sein als der Durchmesser des Schraubenschaftes. Es gibt folgende Ausführungen: Einfache Unterlegscheibe; glatter Federring; federnde, nach innen gezahnte Zahnscheibe; federnde, nach außen gezahnte Zahnscheibe; federnde, versenkte Zahnscheibe und Holzverbinder.

Schraubenschlüssel

- Offene Gabelschlüssel umfassen die Mutter von der Seite und können deshalb ohne Spielraum über und hinter der Mutter benutzt werden. Da die Schlüsselgabel schräg am Griff sitzt, kann man den Schlüssel durch Umdrehen auch bei geringem seitlichem Spielraum noch zum Drehen benutzen.

- Ringschlüssel sind geschlossen und werden von oben auf die Mutter gesetzt. Sie benötigen deshalb auch etwas mehr Spielraum über und hinter der Mutter. Obwohl sie leichter als Gabelschlüssel sind, besitzen sie mehr Stärke.
- Rohrsteckschlüssel sind rohrförmig und werden auf die Schraube aufgesetzt. Sie lassen sich mit einem Drehstift oder Drehstab drehen.

- Die Einsatzsteckschlüssel werden in Sätzen geliefert, die aus einer Anzahl verschieden großer, ringförmiger Einsätze und einer Knarre, oft auch noch aus einer Brustleier, einem T-Handgriff, einem Kardangelenk und Verbindungsstücken bestehen. Der Einsatzsteckschlüssel wird genauso wie der Rohrsteckschlüssel benutzt, bietet aber aufgrund des Kardangelenks und der Knarre mehr Einsatzmöglichkeiten, da man mit ihm auch schwer zugängliche Muttern erreichen kann.
- Schraubenschlüssel müssen stets genau auf die Mutter passen, da sie sonst ebenso wie die Mutter beschädigt werden können. Zu große Schlüssel lassen sich durch Einlagen an die Mutter anpassen.
- Bei Schraubenschlüsseln mit langem Griff oder Drehstab können durch zu starke Hebelwirkung sowohl Mutter wie auch Schraubenkopf zerstört werden.
- Geschlossene Schlüssel, also Ring-, Rohr- und Steckschlüssel, rutschen nicht so leicht von der Mutter ab wie offene Gabelschlüssel.

Schraubenzieher

- Der Normschraubenzieher ist der am meisten verwendete. Es gibt ihn in verschiedenen Längen und mit verschieden großen Schraubenzieherklingen.
- Der Kreuzschlitzschraubenzieher wird nur zum Ein- oder Ausdrehen von Kreuzschlitzschrauben verwendet. Diese Kombination von Schraubenzieher und Schraube setzt man vor allem ein, wenn Schrauben an schwer zugängliche Stellen plaziert werden sollen: Man steckt die Schraube auf den Schraubenzieher.
- Beim Schraubenzieher mit Sechskantansatz kann zur Hebelkraftverstärkung ein Sechskantschlüssel herangezogen werden.
- Beim Winkelschraubenzieher wird die Schraube nicht durch eine senkrechte, sondern durch eine waagrechte Hebelwirkung bewegt. Durch das Aufstecken eines Rohres kann die Hebelwirkung verstärkt werden.
- Der Vergaserschraubenzieher hat einen extrem kurzen

Schraubstiel und -griff. Man braucht ihn nur für Arbeiten am Vergaser.

- Der Uhrmacherschraubenzieher ist besonders für feine und feinste Schraubarbeiten geeignet. Es gibt ihn in den verschiedensten Größen.

Schraubstöcke

- Für alle Schraubstöcke gilt: Sie sind zum Spannen da und nicht zum Quetschen. Und von ihrer Größe hängt es ab, wie fest und wie breit man Werkstücke zur Bearbeitung spannen kann. Sie sind die wichtigsten Zusätze für jede Werkbank.
- Große Schraubstöcke oder Zangen gibt es mit und ohne Vorrichtung zum schnellen Ein- oder Ausspannen. Dies erfolgt durch einen Hebel, mit dem die Gewindespindel aus der Mutter ausgekoppelt wird. Dadurch kann der Vorderbacken leicht in beiden Richtungen bewegt und an das Werkstück herangefahren werden. Mit der Spindel müssen Sie dann nur noch die nötige Spannung erzeugen.
- Manche Zangen haben außerdem noch in der Höhe verstellbare Vorderbacken. Wenn es dann noch einen gegenüberliegenden Anschlag gibt, lassen sich die Werkstücke flach auf der Werkbank festklemmen. Bis zu einem gewissen Schwierigkeitsgrad der Arbeiten läßt sich so die Anschaffung oder der Einbau einer Hinterzange vermeiden.
- Billiger ist ein Heimwerkerschraubstock mit einer Spannweite von rund 15 cm, der von unten an die Werkbank angeschraubt wird.

Schraubzwingen

- Die wirkungsvollsten und praktischsten Werkzeuge zum Festhalten und Pressen von Werkstücken sind die sogenannte Schraubzwingen. Es gibt sie mit Spannweiten von 5 bis 200 cm und Ausladungen von 4 bis 20 cm. Wenn sie Spannweiten über 40 cm haben, nennt man sie Schraubknechte. Im allgemeinen kommt man mit zwei verschiedenen Spannweiten, und zwar 30 und 60 cm, gut aus. Zwei Schraubzwingen sollte jeder Heimwerker besitzen.

- Schraubzwingen dürfen immer nur mit der Hand angezogen werden.
- Wenn Sie einen Gegenstand spannen wollen, legen Sie kleine Brettchen oder Holzteile dazwischen, die verhindern, daß die Spannarme das Werkstück eindrücken.
- Bei sehr weichen Materialien sollten Sie Zulagen verwenden, die länger als das Werkstück sind. Dadurch wird der Druck verteilt, die Oberflächen können nicht beschädigt werden.

Die Werkbank

- Das ideale Grundwerkzeug für alle Holzarbeiten ist die althergebrachte Hobelbank mit stabilem Untergestell und einer schweren Platte aus Weißbuche. Eine solche Werkbank sollte über zwei Spannvorrichtungen, die Vorderzange (links an der Bank) und die Hinterzange (rechts) mit rechteckigen Löchern verfügen, in die die sogenannten Bankhaken eingesetzt werden können. Optimal ist es, wenn die Werkbank auch noch über eine Schublade (für Werkzeug), eine Fügelade sowie eine Beilade verfügt. Werkbänke gibt es in den verschiedensten Größen und Ausstattungen zu kaufen.
- Wer Geld sparen will, kann sich auch nur eine Bankplatte mit Hinterzange kaufen, die sich auf jeden Tisch schrauben läßt. Ihr Vorteil: Sie läßt sich nach getaner Arbeit einfach wegstellen.
- Für den Anfang tut es oft auch ein einfacher Tisch, den man durch einige Querverbindungen stabiler macht. Einige Schraubzwingen oder andere Spannvorrichtungen sind für die meisten Schreinerarbeiten an einem solchen Tisch völlig ausreichend. Er darf nur nicht wackeln oder verrutschen, was Sie durch das Annageln von kleinen Gummistücken unter die Tischbeine verhindern können.

Zangen

- Kombizangen sind etwa 15 cm lang und für den Allgemeingebrauch am praktischsten. Ihre gezähnten Backen vereinen Flach- und Rohrzange sowie Seitenschneider.
- Wasserpumpenzangen weisen ein verstellbares Rillengewer-

be auf, mit dem sie sich sehr weit öffnen lassen. Sie eignen sich besonders für Installationsarbeiten.

- Spitzzangen werden wegen ihrer langen, spitz zulaufenden Backen insbesondere zum Halten kleinerer elektrischer Teile sowie an schwer zugänglichen Stellen verwendet.
- Die Fliesenbrechzange ist ein Spezialwerkzeug, mit dessen Hilfe Fliesen auf das gewünschte Format zurechtgebrochen werden können. Es reicht aber auch eine normale Beißzange.
- Die Beißzange eignet sich sowohl zum Herausziehen von Nägeln wie auch zum Durchzwicken von Drähten jedweder Art.
- Rohrzangen sind den Rollgabenschlüsseln ähnlich, wurden jedoch zum Packen runder Gegenstände konstruiert. Ihre Hebelwirkung kann man verstärken, wenn man ein Rohrstück über den Griff schiebt.
- Universal-Festhaltezangen haben dreh- und feststellbare Backen. Sie sind deshalb besonders praktisch beim Halten von Teilen zu Bohr- oder Schleifzwecken.

Holzarten

Die verschiedenen Weichholz-Arten

- *Douglastanne:* Das stabile und dauerhafte Holz wird in Brettern und Bohlen geliefert, die bis zu 10 cm dick und 25 cm breit sein können, aber auch als Furnier und Sperrholz. Es läßt sich gut bearbeiten. Douglastanne verwendet man vor allem für Fenster, Türen, Rahmen und Möbel. Im Freien den Schutzanstrich nicht vergessen. Vorsicht: Es splittert leicht.
- *Fichte (Rot- und Pechtanne):* Das weiche Holz gilt als zäh und wenig elastisch. Dafür splittert es kaum und läßt sich leicht bearbeiten. Es wird nur in Innenräumen verarbeitet, für Treppen, Decken und Fußböden. Das Holz dunkelt unter Lichteinwirkung kaum nach. Vorsicht: Fichtenholz läßt sich nicht polieren. Im feuchten Zustand können Sie es nur schwerlich glätten.
- *Kiefer (Föhre):* Das Holz ist weich, zäh, wenig elastisch, harzreich und dauerhaft. Es dunkelt unter Lichteinwirkung. Berücksichtigen Sie den relativ beträchtlichen Schwund beim Trocknen. Kiefernholz läßt sich leicht bearbeiten, aber nur

schlecht beizen und polieren. Es wird für Tür- und Fensterrahmen sowie für Dielen verwendet.

- *Lärche:* Das Holz ist mittelhart, zäh, sehr elastisch, dauerhaft und witterungsbeständig. Es eignet sich daher besonders gut für eine Verwendung im Freien, so für Zäune und Masten, große Tore und auch für den Schiffbau. Lärchenholz schwindet kaum und ist gut zu bearbeiten, aber schlecht zu polieren. In Innenräumen wird es für Möbel und Furniere verwendet.
- *Tanne (Weiß- und Edeltanne):* Das Holz ist sehr weich und elastisch. Es läßt sich nicht gut bearbeiten und wird als Bauholz, zum Innenausbau und für Möbel benutzt. Tannenholz ist sowohl im trockenen wie auch im feuchten Zustand sehr dauerhaft.
- *Zeder:* Das Holz ist weich und gilt als besonders unempfindlich gegen Temperaturwechsel. Es läßt sich gut bearbeiten. Zedernholz findet hauptsächlich im Holzbau, für Schindeln, im Innenausbau und bei Kleider- und Wäscheschränken Verwendung, weil es sein hoher Harzgehalt gegen Insekten schützt.

Die verschiedenen Hartholz-Arten

- *Birke:* Das Holz ist weich, sehr zäh, elastisch und läßt sich gut bearbeiten und polieren. Es ist nur in trockenem Zustand dauerhaft. Es eignet sich für den Möbelbau, Furniere und Sperrholz, aber auch für Drechsler- und Schnitzerarbeiten.
- *Eiche:* Das Holz ist sehr hart, zäh, elastisch, dauerhaft und – mit Ausnahme der japanischen Eiche – sehr witterungsbeständig. Eichenholz läßt sich gut bearbeiten und eignet sich in der engringigen Ausführung für Möbel jeglicher Art, für Furniere und den Innenausbau. In der weitringigen Ausführung wird es überwiegend als Bauholz verwendet. Achtung: Eichenholz wegen der Gerbsäure nicht mit Stahl-, sondern mit Messingnägeln und -schrauben verbinden.
- *Limba:* Das Holz ist hart, zäh und läßt sich gut bearbeiten. Es wird oft für Möbel, Furniere und Drechslerarbeiten verwendet.
- *Mahagoni:* Das Holz ist hart, elastisch, sehr dauerhaft und läßt sich gut verarbeiten. Es eignet sich allerdings nicht für

Arbeiten im Freien. Afrikanisches Mahagoni ist preiswert, amerikanisches dagegen gilt als dauerhafter und leichter zu bearbeiten. Es findet für Möbel, Furniere, Sperrholz und Drechslerarbeiten Verwendung.

- *Nußbaum:* Das Holz ist hart, zäh, elastisch und leicht zu bearbeiten. Es ist allerdings nur in trockenem Zustand dauerhaft. Es wird für Möbel, Furniere, Drechsler- und Schnitzarbeiten sowie für den Innenausbau verwendet.
- *Rotbuche:* Das Holz ist hart, wenig elastisch und schwindet stark, wenn es nicht gut getrocknet oder gedämpft wird. Es ist leicht zu bearbeiten und läßt sich in gedämpftem Zustand auch gut biegen. Da es nur trocken haltbar ist, sollte es nicht im Freien verwendet werden. Verarbeitet eignet es sich für Möbel, Furniere, Griffe und Stiele, Werkzeuge und Spielsachen. Achtung: Weißbuche läßt sich schlechter bearbeiten als Rotbuche.
- *Teakholz:* Das Holz ist hart, zäh, fest und elastisch. Es läßt sich leicht bearbeiten, aber nicht polieren. Durch seinen hohen Ölgehalt ist es – auch im Freien – gegen Feuchtigkeit und Fäulnis nahezu unempfindlich. Der Ölgehalt stört allerdings auch beim Verleimen. Teakholz findet beim Innenausbau, Möbeln, Furnieren, beim Schiffbau, aber auch bei Gartenmöbeln und Fußböden Verwendung. Als Massivholz ist es besonders teuer.

Metalle

Metallarten

- *Aluminium:* Reines Aluminium ist sehr witterungsbeständig, da es sich an der Luft mit einer dünnen Oxydschicht überzieht, die es vor weiteren Witterungseinflüssen schützt. Es ist sehr weich und läßt sich leicht verformen, biegen, feilen, sägen und mit Spezialwerkzeug auch löten.
- *Blei:* Es läßt sich in kaltem Zustand leicht bearbeiten und beschneiden. Es ist weich lötbar und sehr witterungsbeständig. Vorsicht: Blei und Bleiverbindungen sind stark giftig.
- *Kupfer:* Nach Silber ist es der beste Leiter für Wärme und Strom. Kupfer wird auch in seinen Legierungen wie Bronze, Messing oder Neusilber verwendet. An feuchter Luft über-

zieht es sich mit einer Schicht von basischem Kupfer-Karbonat (Patina), und durch Einwirkung von Essigsäure entsteht der giftige Grünspan. Kupfer ist weich und dehnbar und läßt sich leicht verformen und biegen. Es wird durch Hämmern hart, läßt sich aber durch Ausglühen (Anlassen) leicht wieder weich machen. Kupfer kann gesägt, gefeilt und hart und weich gelötet werden.

- *Messing:* Es gibt verschiedene Legierungen aus 40 bis 90 Prozent Kupfer und 10 bis 60 Prozent Zink. Legierungen mit 10 bis 60 Prozent werden auch Tombak und solche mit hohem Zinkgehalt auch Gelbguß genannt. Messing läßt sich leicht verformen, biegen, sägen, feilen, bohren und weich und hart löten.
- *Zink:* In Säuren löst es sich unter Wasserstoffentwicklung auf, während es an der Luft relativ beständig ist, da es sich mit einer dünnen Schutzschicht aus Zinn-Oxyd oder basischem Zinn-Karbonat überzieht. Zink ist unter normaler Temperatur ziemlich hart und spröde, läßt sich aber nach einer Erhitzung zwischen 100° und 130° C, etwa in kochendem Wasser, leichter bearbeiten.
- *Zinn:* Das silberglänzende, dehnbare Metall, das sich zu Stanniol auswalzen läßt, ist an der Luft und gegen verdünnte Säuren ziemlich beständig. Die wichtigsten Zinnlegierungen sind Weichlot und Bronze. Zinn ist sehr weich und dehnbar und läßt sich leicht bearbeiten und gießen. Es wird hauptsächlich zum Verzinnen von Geschirr oder Gefäßen sowie von Blechen verwendet. So ist zum Beispiel Weißblech verzinntes Stahlblech.

Stahlarten

- *Flußstahl:* Er ist leicht zu bearbeiten, läßt sich ohne großen Aufwand biegen, sägen, feilen, bohren, schweißen und weich wie hart löten.
- *Gußeisen:* Gußeisen hat eine sehr harte Oberfläche und ist spröde. Es kann bei hartem Fall oder Schlag leicht brechen.
- *Rostfreier Stahl:* Der mit Chrom und Nickel legierte (verschmolzene) Stahl kann weder rosten noch korrodieren.

Diese Eigenschaften können freilich durch ein zu starkes Erhitzen zerstört werden.

- *Schmiedeeisen:* Der legierte Stahl ist schmiedbar, kalt und warm bieg- und verformbar. Schmiedeeisen läßt sich leicht mit Säge, Meißel, Bohrer und Feile bearbeiten sowie weich und hart löten.
- *Werkzeugstahl:* Der niedrig legierte Werkzeugstahl ist härter als Baustahl (Flußstahl) und nur schwer zu feilen oder zu schneiden. Er läßt sich weich und hart löten. Durch das sogenannte Tempern (Glühen mit Eisenoxyd), Härten und Anlassen können dauerhafte Werkzeugschneiden geschaffen werden.

Bleche

- Für den Heimwerker gibt es eine Vielzahl von Blechen, die ihre Bezeichnung entweder ihrer Legierung oder ihrer Verarbeitungsform verdanken. Die häufigsten sind: galvanisiertes und plattiertes Stahlblech, Schwarz- und Weißblech, Kupfer-, Messing- und Zinkblech sowie hartes und weiches Alu-Blech.
- Werden die Bleche bei der Arbeit spröde, brüchig oder rissig, so können Sie sie durch Anlassen oder Ausglühen wieder weich und verformbar machen.
- Das Anlassen erfolgt je nach der Legierung:
  – *Kupfer* wird in der Gasflamme oder mit der Lötlampe bis zu dunkler Rotglut erhitzt. An der Luft oder in heißem Wasser wieder abkühlen lassen.
  – *Messing* wird ebenfalls bis zu dunkler Rotglut erhitzt. Danach langsam wieder abkühlen lassen.
  – *Bau- und Werkzeugstahl* müssen zu heller Rotglut erhitzt werden. Langsam wieder abkühlen lassen.
  – *Reinaluminium* muß vorsichtig erhitzt und langsam wieder abgekühlt werden. Wegen des niedrigen Schmelzpunktes von Aluminium müssen Sie beim Erhitzen vorsichtig sein. Die richtige Schmelztemperatur können Sie mit einem einfachen Trick bestimmen: Reiben Sie ein Stückchen Seife auf das Blech und erhitzen Sie die Stelle mit der Lötlampe. Wenn sich die Seife schwarz verfärbt, ist die richtige Anlaßtemperatur erreicht.

– *Hart-Aluminium* muß bis zur Rotglut erhitzt werden. Im Wasser abkühlen.
– *Zink* einige Minuten in kochendheißes Wasser eintauchen und in erhitztem Zustand weiterarbeiten.

Draht

- Es gibt ihn in Form von Endlosdraht auf Spulen oder Rollen in verschiedenen Stärken. Seine Stärke bzw. Dicke kann mit einer Loch- oder einer Schraublehre festgestellt werden. Daneben gibt es Draht auch in Form von Drahtgittern oder -geflechten. Hier die häufigsten:
- *Geschweißtes Drahtgitter:* In verschiedenen Maschengrößen und Drahtstärken erhältlich. Aus blankem oder verzinktem Stahldraht.
- *Gewebtes Drahtgeflecht:* Die nicht verschweißten Einzeldrähte drehen sich leicht an den Kanten auf, wenn diese nicht mit einem dickeren Draht verstärkt werden. Zumeist aus verzinktem Stahldraht.
- *Drahtgaze:* Ein ganz feines Drahtgewebe aus Stahl-, Messing-, Kupfer- oder Aluminiumdraht, das es auch als Nylongaze gibt. Drahtgaze muß auf Rahmen gespannt werden und läßt sich leicht schneiden und löten.
- *Lochblech:* Es gibt es in vielen Locharten, Stärken und Farben aus Stahl-, Messing-, Zink- und Aluminiumblech. Lochbleche können Sie mit der Blechschere oder Feinsäge schneiden, manchmal aber auch brechen. Sie können verschraubt, genietet und mit Ausnahme von Aluminiumblech auch gelötet werden. Größere Bleche müssen auf einem Rahmen befestigt werden.

Alphabetisches Stichwort-Verzeichnis